一读就上瘾的秦史

苏玲——著

中国华侨出版社
·北京·

前 言

　　秦朝是中国历史上第一个真正意义上统一集权的帝国。这是它的缔造者——秦始皇嬴政在中国几千年的历史长河中画下的最为浓重的一笔。秦始皇之霸气，以及其傲视天下的气魄和叱咤风云的力量都足以令后人赞叹。

　　传说中，秦人先祖由舜帝赐姓为"嬴"。夏朝末年，费昌去夏归商，败桀于鸣条，其后嬴姓世代为殷商辅臣。商朝末年，周武王伐纣，商军败，嬴姓一族也因此衰弱。到了周穆王时期，造父子孙为周王牧马有功，受封于"秦"。其后，秦襄公匡扶周室有功，终于被封为诸侯。

　　至此，秦国图霸天下的大业才正式展开。历经了春秋战国诸侯之间的腥风血雨，中国广袤的大地上即将迎来一个新帝国的诞生，那便是秦朝。公元前221年，秦帝国正式向世界宣告了它的成立。

　　秦朝的兴衰史可以说是一段激荡的洪流，上承春秋战国的兼并和厮杀，下启汉唐的繁华和兴盛。

　　在这里，我们可以看到春秋战国各诸侯国之间的较量，也可以看到君主间的心术权谋，说客间的连珠妙语，武将间的斗智斗勇。在这幅浩瀚的画卷中，无论是王侯将相，还是谋臣游士，抑或是市井小民，都会因为自己独特的姿态而得以名留青史。

　　秦帝国的出现开始把古代中国广袤土地上的各种不同文化统一起来，

为持续了两千多年的中国封建文明提供了一个模本。正如历史上其他的大帝国一样，秦帝国为实现崛起并在崛起之后保证稳定所付出的努力令后人津津乐道。

在政治方面，为了保证至高无上的皇权，秦始皇将经济、行政、军事等一切权力都收归己有，在中央推行集权制，在地方推行郡县制；在社会经济方面，统一度量衡，统一货币，修驰道，使车同轨，在地方上施行土地私有制；在文化方面，将小篆作为标准文字，严禁私学，以吏为师，施行了严酷的思想统治。

创业容易守业难，帝国的形成并不意味着一劳永逸，管理一个偌大的机构远比构建它更加具有挑战性。纵然秦始皇为了维持他万世不竭的帝业付出了巨大的努力，但个人的力量在历史的波澜面前终究是苍白无力的。

因为秦始皇的急政和暴政、秦二世的无能和昏庸，秦国的帝业在不久之后就迎来了终结。在一个王朝跌宕起伏的命运中，充斥的除了刹那间的繁华，更多的是对历史难以掌控的辛酸和无奈。而对于这个王朝的兴盛衰亡，只有深入其中，才能获悉一二。

本书以正史为蓝本，汇集多年来历史学者的研究成果，在尊重史实的基础上，以风趣幽默而又不失智慧的语言，调侃轻松却不失庄重的语调，讲述大秦过往，用历史事件来展现人性的复杂，透过历史的迷雾，以人性洞察历史，还原历史真相。

目 录

一读就上瘾的秦史

背景雄厚的嬴姓

皋陶有三个儿子，伯益是他和少典氏族人女华的长子。

伯益，亦作伯翳、柏翳、柏益、伯鹥，又名大费，禹时的大臣，在大禹治水的浩大工程中作出了巨大的贡献。除此之外，伯益在大禹继位后，辅佐大禹开垦荒地，教育民众在地势低洼之地种植水稻，还发明了凿井技术。在政治方面，伯益建言献策，鼎力相助。

伯益就是嬴姓人的祖先。不过，嬴姓并非始于伯益。伯益授嬴姓是"继承"，也就是说，嬴姓最早并不是始于伯益，其最早可追溯到五帝时的少昊帝。少昊是东夷部落联盟的首领，因其继位之日，有五凤从东方飞来，集合到了少昊帝的宫廷上，故其以凤鸟为族神，崇拜凤鸟图腾。后少昊去世，黄帝集团的颛顼替代少昊掌握了在东夷部落的首领权。颛顼就是伯益的先祖。因此，嬴姓最早可追溯到少昊。但若要从血缘角度来说，嬴姓则应归于皋陶一族，只是皋陶之子封姓之后，"偃"姓和"嬴"姓作为凤鸟部族的两大系统分散开来，所以秦后人都以嬴姓伯益为祖。

这就是秦人那背景雄厚的祖先。当然，秦人祖先一直都不是以身份显名于历史，最主要的，还是他们那过人的能力。皋陶和伯益对中华文明的贡献只怕不在禹之下。不过，背景雄厚易受人妒忌。当时，为了争夺大禹继承人的位子，伯益所率领的东夷部落联盟还曾因此与夏启进行了一场恶斗。

按当时的禅让制，伯益继位是理所当然的，这从当时的一个事件中也可看出。当时，启继承了禹的位置，便在钧台（今河南禹州南）大会各部落联盟首领。可是启的继位受人质疑。一个名为有扈氏的部族，就因启破坏了禅让制的传统，而拒绝出席钧台之会。启是个有能力的人，他敢继承禹的位置，自然料到会遭到反对，所以对于这一点，他毫不迟疑地亮出了他的兵器，因此"启伐之，大战于甘"（《史记·夏本纪》）。战争的结果是有扈氏大败，族众从此沦为牧奴。

夏启借这场战争向天下人表明：天下归启，禅让制已经成为历史。这种行径传到了伯益的耳朵里，伯益就继位问题向启递交了挑战书。因此，夏启集结了军队，往东夷之地进发，以应战伯益。

关于战争的经过，因夏朝历史过于久远而没有记载，其结果却是明确的。伯益在这场争夺继承人的战争中失败了，其人被杀，其族人将其葬于天台山上。这次夷夏之争的规模非常大，所造成的损失也异常惨烈。东夷地区在此前延续了几千年的文明，在华夏部族的大肆摧毁下几近灭亡。

到大西北去

嬴人的家没了，但是嬴人还在。在家族灭亡之后，嬴人很快调整了情绪，要生存下去就不能对天屈服，嬴人留给自己这样一个生存信条，迫使他们去重建天地。

这种根植于人类基因的生存动力使得嬴人在华夏大地上努力地另辟生存地。或许在另寻住所的时候，嬴姓部族之间存在着相左的意见。这种民族迁移的历程本就无法追根溯源，后人只能在现有的遗留文献和后世考古中发现一些蛛丝马迹，从中可以得知，在嬴姓部族失利后，其中一支仍然留在了今山东地区，另一支则渡过淮河往南发展，还有一支则选择西行。这支西行的嬴姓族人就形成了后来的秦人。后来，秦人在西北建立政权时仍不忘故土，凡有墓葬，头均朝向东方。另外，对故土的认可或许也成了后来秦始皇东巡的原因之一。

我们已经无法重现当时迁移的场景，但从迁移的里程，加之当时的环境来看，秦人这次西迁一定经历了艰难险阻。当然，这种长距离的迁移自然不是一蹴而就的，历经几世几代，秦人在这次迁移中难免走走停停。可以确定的是，他们几乎不可能在迁移中定居。因此，秦人在长时间的漂泊中发展起来的自然不会是定居生活的农业文明，而是一种四处游荡的游牧文明。从这点看，秦人的迁移对其后的崛起还真有点儿贡献，因为畜牧在其后将成为秦人发展的一个机遇。

在秦人西迁的同时，如流水般的时间带走了夏启，带走了昔时众部落首领对夏启攻伐伯益的不满和赞叹，也带走了由大禹带来的整个王朝。在纪年得以清晰的时候，约公元前 1600 年，商部落在其子孙汤的时代得到了发展，商由此代替了夏，成了中国文明史上的第二个世袭制王朝。

本来商朝灭亡和秦人关系不大，但有了这个恶来，结果就不一样了。

恶来就是中潏的孙子，也就是伯益、费昌的后人，想想秦人在此前都有英名，如何到了恶来这一辈，竟成了后人谴责的佞臣？

恶来的父亲叫飞廉，也作蜚廉。这个"飞廉"可能来自上古神话中风伯的名字。东汉著名文学家王逸在《楚辞章句》中有注释道："飞廉，风伯也。"而风的一个特征就是来无影去无踪，这也便是飞廉的能力。《史记》里说"蜚廉善走"。"善走"普遍理解为跑得快，也就是说飞廉是个"飞毛腿"。其实，"善走"或可理解为骑术高超，之前就曾强调过秦人的畜牧能力。这样看来，飞廉驾驭一匹马应该是驾轻就熟之事。当然，不管这个"善走"是指双脚还是马，这并不妨碍飞廉有能力使得自己的移动迅速快捷，因为这个能力，飞廉当上了纣王的通信员，为纣王传报一些紧急消息。

公元前 1046 年，殷商在纣王这里走到了尽头。在牧野一战中，纣王终因人心向背而惨败，天下再次易主，周王朝开始在历史上谱写它的辉煌与衰败。飞廉和恶来终因其"助纣为虐"的恶名而难逃一死。

秦人先祖在纣王这一世走得不那么顺当。后来，随着周王朝的建立在中国开始了它的历史，秦人也随时寻找着露脸的机会。

赵和秦的故事

就在周武王姬发于牧野大战殷纣后，天下也就随着换了个姓，周朝从此在古代中国确立了它的权威。而殷呢？除了在周建立不久后，不死心地发动了一场武庚之乱，基本上陷入沉寂。

当时跟着殷沉沦的嬴人又怎么样了呢？很不幸，在武庚发动叛乱的时候，居于山东一带的嬴姓也跟着起哄了一下，其结果是周公平叛后，这部分嬴姓部族被赶到了大西北，和原本就生活在那里的飞廉一支居住在一起，杂居于戎、狄民族之间。这部分嬴姓在被押往西方的途中，有的偷偷逃掉，就地定居，建立了后来的黄、江、葛等小国，嬴姓十四氏也就这样繁衍开了。

幸运的是，在隔了几代后，嬴人没有像殷人那样逐渐远离历史，而是慢慢地接近了历史的中心。

历史记载到了造父这一代。真正使"赵"成为姓氏的人便是造父。造父有一个祖父叫孟增，是飞廉的孙子。《史记》里说孟增"幸於周成王，是为宅皋狼"。皋狼是一个古地名，属战国时期赵国的领地。孟增在周朝找到了他的伯乐，为秦人后来活跃于周朝掌握了一分政治机会。

造父出生时，经过几代国君的努力，周朝已经成了一个国力雄厚的兴盛大国，史载"成康之际，天下安宁，刑措四十余年不用"，呈现出路不拾遗、夜不闭户的清明景象。到了周昭王这一代，周昭王不再满足于现有的国土，于是打算扩张。但周朝开辟疆土的人并不仅是周昭王，还有他的儿子姬满。这个姬满就是那个一生充满着传奇色彩的君王——周穆王。

周穆王在位时，造父正跟着泰豆氏学习驾车之术。泰豆氏是传说中的善驭之人，见于《列子·汤问》里："造父之师曰泰豆氏。"学了几年后，师傅的教导、自己的天赋和勤恳使得造父成了驾车高手。后来造父在桃林一带得到了八匹骏马，这八匹骏马的名字分别叫赤骥、盗骊、白义、逾轮、山子、渠黄、华骝、绿耳。当然骏马也得靠养，造父用他祖辈在泰豆氏那里学到的驯养技术，将八匹马驯养得强壮异常，跑起来如电光石火，一日行千里。养马千日，用在一时，这八匹马当然是养来献给君王的，造父相信周穆王一定会喜爱他驯养出来的这些坐骑。果不其然，周穆王得到这些骏马后，大喜，经常骑着它们出外打猎、游玩。当然，造父也因此得到他御用司机的位子。

周穆王不仅用八匹神驹来玩乐，也靠着它们开始了他的征讨生涯。周穆王十七年（公元前960年），八匹神马带着周穆王一群人浩浩荡荡往西进发，最后在西土（今甘肃、新疆一带）见到了西王母，留下了两人诗歌唱和的美好传说。就在周穆王与西王母相见恨晚的欢乐中，都城那边忽然传来了东夷小国徐国侵扰国都的消息。徐国一直是周朝的心头之患。当年武庚之乱中，徐氏也插了一脚，直到昭王时徐国仍然不服于周朝。至于徐氏的祖先，可追溯到禹时的一个叫嬴若木的人。嬴若木，嬴姓，他的父亲就是造父的一个先祖。后嬴若木封于徐国，后人才以徐为氏。

徐国到了徐偃王这一世，据说徐偃王是个仁义之君，爱民如子，友好周围的众诸侯，因此，东夷一带的诸侯国都倾向徐偃王。徐偃王有那么多政治筹码，便开始不安分了，这不，趁着周穆王往西发展的时候，徐偃王就开始在他背后进行骚扰。

周穆王一听徐偃王来抢他的王位，想到自己将士兵全领到了西方，不免慌乱了起来：这可怎么办？国都空虚，只怕周朝要失在他周穆王的手里了。

不幸如周穆王，遇到了一个嬴姓徐氏的敌人。幸运如周穆王，遇到了另一个嬴姓的朋友，就是负责周穆王坐骑的造父。同为嬴姓，造父虽说和徐氏能互相称兄道弟，但他好歹还叫着周穆王主子。因此，就在周穆王得到消息而显得慌乱后，造父看他如此着急，提醒他尽早用自己献上的坐骑出发，说不定能在徐偃王之前赶回国都。

周穆王立即命令造父扬起马鞭，将周朝的安危都系在了这一条飞舞的鞭子上。造父重任在身，一刻也不敢停止，立即拿出他多年练就的驭马术，使其座下的神驹如得风助，日夜不停地疾奔。一路上扬尘起风，在回程路上飞起了一道梦幻的黄沙。

最后，由于造父的神驹和驾驭能力，以及造父那颗耿耿且为主不辞辛劳日夜奔忙的忠心，周穆王得以在情况变得更糟之前赶回都城。徐国军士犹如神兵降临忽然显现，原本以为这是场奇袭，哪知却被造父的神驹所破，慌乱之下大败。周穆王此战大胜，为奖赏造父的大功，便将赵城封给了造父，造父也因此得到了专属他部族的一个氏——赵氏。

造父封赵后大荫全族。造父是来自飞廉的一个儿子季胜这一支，而飞廉的另一个儿子恶来一支也因为造父受宠而得赵氏。当时恶来的后裔叫大骆，因造父封赵后来归附他，因此被周穆王封在犬丘（今陕西兴平，一说今甘肃礼县）。因此，嬴姓赵氏在当时有两支，一支就是以季胜为祖的赵城赵氏，另一支就是以恶来为祖的犬丘赵氏。而犬丘这一支才是秦国的祖先，造父这支的后人却是日后和秦国争夺霸权的赵国。

这就是嬴姓赵氏的由来。当然，赵氏的来源还有其他的渠道，而不仅仅源自嬴姓，但是这里我们只需要介绍嬴姓赵氏就够了。看到这里，秦王室属于赵氏自然是无疑了，但是对嬴姓赵氏的称呼中，明显"秦"字出现的频率比"赵"字还高，这又是为什么呢？

恶来有个后裔叫大骆，这个大骆有一个小儿子叫非子。非子明显流着他祖先的纯正血统，和他的祖辈造父一样"好马及畜"（《史记·秦本纪》），因为这个兴趣，长大后也成了擅长养马的人。当时非子住在犬丘，城里的人都知道非子的养马能力，因此有人将他推荐给了周孝王。周孝王见非子有如此名气，便召见了他。在这次会见中，面对周孝王的提问，非子举止大气，对答如流，令周孝王啧啧称奇，最终决定让非子在渭水一带为周王室养马。

非子得到了这个官职后，心喜有幸得以为王室效命，因此兢兢业业。在非子精心地养殖下，周王室的马竟一天比一天强壮，而且繁殖甚多，渐渐排满了渭水之滨。周孝王看到一匹匹体形健壮、毛发鲜亮的骏马奔驰在大地之上，心中顿起波澜，仿佛自己正驰骋在周王朝的大地上，英勇地巡视着生活在这块土地上的百姓们。这种成就感让他感到了胜利的滋味，因此周孝王对非子好感大增，便有了立他为大骆继承人的念头。

可是非子是大骆的小儿子，没有个正当理由哪能随意废长立幼，当时周孝王的这个念头就遭到了大骆的大儿子成的外祖父申侯的反对。于是周孝王只好想了个办法，既然不能继承，那就重新封赏，最后周孝王将秦地封给了非子。约公元前900年，非子在秦地建立了一座叫秦亭（今甘肃清水秦亭镇至张家川一带）的城邑，正式成为周朝的附庸国。

周孝王对非子的奖赏还不止这些。因为嬴姓经历千百年后，久已失祀，周孝王因此让非子重新祭祀嬴姓，非子也因此有了嬴姓宗主的地位。当时天下有诸嬴共十四氏，因此足见非子祭祀嬴姓宗主的意义有多大，可见周孝王对非子的看重非同一般。也只有到了这个时候，"秦"和"嬴"才有了第一次的结合，因此非子号称"秦嬴"。

说到这里，要真正列入秦国君王第一人的还要算这个非子，因为"秦"因他而生，而秦亭的出现更是日后秦人扩张土地的基础，所以真正的"秦"始于这里。因此后人有诗：大陇西来万岭横，秦亭何处觅荒荆。非子考牧方分土，陇右山川尽姓嬴。

古代有以封地为氏的习惯，这么看来，非子一支当为秦氏。但或是因为习惯，或是因为赵氏出现在前，从非子到后来的秦王室均以"赵"为氏，而且因其属地为秦，故秦从此成了他们象征性的代号。在秦朝灭亡后，其王族子孙为了纪念这个朝代遂以秦为氏，这就是陕西秦氏的来源。当然，和赵氏一样，秦氏的源头也不仅仅是嬴姓。

"赵"和"秦"的故事便是这样来的，介绍到这里，秦人的先祖追寻之路算是差不多结束了。不过秦国后人的回忆里除先祖这一段外，还流淌着另一段记忆，而这一段记忆里有一个令秦人记忆极其深刻的关键词——西戎。

我与西戎有个约会

从秦非子得到秦地以后，到五代之后的秦襄公时，在这一百多年的时间里，秦人在秦地勤勤恳恳地致力于农牧生产，力争使秦地富饶。然而秦亭地处华夏边缘，资源有限，生产力自然不高，因此非子前几代人的经营可谓惨淡。当然，这都是小事，最令秦人感到困扰的还是与秦相邻的西戎民族。

西戎，即犬戎，也叫猃狁，是周朝时华夏人对于西方少数民族的统称。当时周人自称华夏，因此便把华夏四方的民族分别称为东夷、西戎、南蛮、北狄。华夏民族之所以排斥这些"野蛮人"，是因为他们对于周王室的权威始终持怀疑的态度，因此在周朝统治时，这四个方向始终都是周朝政权的外患。

《说文解字》里有："戎，兵也。"兵即是武器。《风俗通义》里有更明显的说法："戎者，凶也。"可见戎这个概念对于古人来说有凶残的意义。事实也是如此，西戎族自黄帝时便成了炎黄族的劲敌，时刻与地处中央的炎黄一族针锋相对。后来周朝新立，西戎为避其锋芒只好暂时休息。再到了周穆王时，与西戎相安共处的局面已经难以为继，有谓"戎狄不贡"。为解决这个问题，周穆王亲征西戎，结果大胜。西戎一族的性子就如同他们崇拜的图腾——狼犬一般，因此他们虽然战败，但并没有乖乖地臣服。在周穆王之后，西周逐日见衰，最后在周幽王时闹成了西戎之乱。

西戎如此活跃，西周王朝的西边自然经常受到其不请自来的侵扰，在这种情况下，周朝的众附庸国，谁处于周朝的西边，谁就倒霉。很不幸的是，非子的秦亭就在这个倒霉的行列。其实当初周孝王封非子秦地，也是有着这样的政治考虑，即秦人长期混杂于西戎民族，与西戎较有来往，令秦人镇守秦地，一来可以防守西戎，二来或许可以因秦人与西戎之间的亲密关系而令西戎降服。只是周孝王这个计划想得太远了，因为西戎根本不买秦人的账，因此秦人对于在旁狼视的西戎，还是得做好万全准备。

到了公元前878年，周厉王继承了周夷王的位子，开始了他的统治。周厉王是个残暴昏庸之王，受到了群众的批判，他非但不悔改，还用恐吓的方式来堵住人们的嘴。这样的君王自然得不到民心，因此他的治理引起了众多诸侯的反叛。西戎趁中原大乱之机又一次踏上了反对王权之路。

西戎趁着西周内乱之时袭击处于犬丘的大骆族人，大骆族人防不胜防，也无力抵抗，便在西戎入侵之际灭亡了。这是大骆的大儿子成的一支，幸好小儿子非子一支还在秦亭诚恳经营，族分两家，才避免了灭族的大祸。

这时非子一支已经经过秦侯、秦公伯而传到了秦仲这一代。当时周宣王替代了无道的周厉王，上位之际便开始效仿先祖走上了东征西讨的道路。在对付西戎的战线上，周宣王选择了秦公伯的儿子秦仲，任命其为大夫，令其进攻西戎。

秦仲明白这是一个千载难逢的好机会，要使秦跻身大诸侯国的行列，就必须先走好这一步。于是秦仲于周宣王五年（公元前823年）带领周朝兵马往西戎进发。

在一次和西戎的厮杀中，秦仲不幸战败，被西戎所杀。秦仲虽死，但其死在战场的消息也振奋了他的后代。其后代纷纷拿起武器，英勇地杀上战场，为其报仇。

秦仲有五个儿子，长子名其。周宣王六年（公元前822年），秦仲死于战场，其继任其位，是为秦庄公。秦庄公继位的首要任务当然是解决困扰已久的西戎问题，所以秦庄公继位不久后也开始了他的征讨西戎之路。

在秦庄公准备出发之时，他的四个兄弟纷纷站出来支持他。就这样，五个兄弟带领着七千兵马，满溢出一股为家复仇的气概。这次他们誓要西戎败亡，像当初西戎灭掉大骆族人以及杀死秦仲一样。

秦庄公大军来到西戎所在地，一阵厮杀过后，西戎的野蛮也战胜不了秦人此时的愤怒，因此西戎战士纷纷落败，一个接着一个逃亡。秦庄公在对抗西戎上取得巨大的胜利，不仅为秦人争回了颜面，也为周宣王的历史功绩贡献了一个令人欣喜的消息。周宣王因此大喜，封秦庄公为西垂大夫，并将原来大骆一支所居的犬丘之地赐给了他。秦人所领之地便有所增大，为日后的开疆拓土奠定了基础。

秦庄公此次胜利，当然不代表着一劳永逸。西戎人反复无常，这次秦庄公给他们的打击充其量不过是一场小风暴而已，因此秦庄公的这场胜利非但没有令西戎惧而退缩，相反，更激起了他们心里的血性，他们一定要和周王朝决一死战。面对西戎越战越勇的蛮力，周宣王只好亲征。西戎虽勇，但在周王朝大军的压迫下也不得不战败而走。

西戎在与中原大国的争夺中虽然始终无法居于赢面，但其如狼般的野性以及如蟑螂般顽强的生命力使其成为历代中央王朝的隐患。因此，秦庄公几乎将他的一生贡献在了驱逐西戎上。所幸虎父无犬子，秦庄公长子世父，曾经因为这份仇恨而放弃了他的继承人身份。当时，在秦庄公将逝时，世父厉声说道："戎杀我大父仲，我非杀戎王则不敢入邑。"世父从此投身于对抗西戎的漫长道路，将继承人的位子让给了他的弟弟。

秦襄公的机会

秦襄公名开，是秦庄公的二儿子。世父离开都城后便专心投入他的灭戎事业，秦襄公满怀着感激兄长的心情，从此开始了他的政治历程。

秦襄公继位后，西戎之势强大，仍然时刻威胁着秦的基业之本。此外，秦嬴的政治地位也只不过是"大夫"而已，相较于中原有如鲁、齐、卫、晋、燕、宋等各大诸侯国，秦襄公的地位之微弱可见一斑。在弱势的地位上还必须时刻注意外来势力的侵犯，这种处境犹如处于夹缝之中，他在艰苦地寻找着生存之道。

在这种处境中，秦襄公必须建立自己的一套管理方法。秦襄公自知势小，而西戎部族势大，若要一概以武力抵挡，只怕脆弱的身子受不了西戎部族的集体来袭。在这样的考虑下，秦襄公找到了一种方法——和亲。

西戎作为一个民族统称，意味着它内部存在着发展程度不一致的各个部族。秦襄公正是看到了这一点，随即想到了一个政策：若要在秦地发展，必须拉拢西戎里的大部族。

鉴于西戎大部族在西戎众部族中的影响力，秦人的这个政策直接给他们带来了三个好处：其一，秦人在拉拢西戎大部族的同时，等于为自己寻找了一个政治靠山，这个政治靠山在秦人与西戎其余部族对抗时，将起到保护秦人的作用。其二，秦人在拉拢西戎大部族的同时，企图分化西戎内部，使日后称霸西戎的道路走得更加顺当。其三，秦人在拉拢西戎大部族的同时，得以抽出一定的时间来发展自己的力量，而这一点，无疑是三点中最重要的。

在这样的精心策划下，秦襄公在他继位之初，便努力在西戎各部族里寻找合适的和亲对象。一番搜寻之后，他找到了一个势力足够大的部族，和这个部族的称为丰王的执政者建立了基于联姻的外交关系。这个政治联姻的双方是秦襄公的亲妹妹缪嬴和戎人丰王，丰王见秦襄公亲自献上妹妹，自然也没有拒绝的道理，因此秦襄公的第一步走得很顺当。而秦襄公的这个政策也确实想得十全十美，这一点将在后面的事件中彻底地体现出来，从中也让我们看出了秦襄公作为一个管理者，具有其理应具备的敏锐判断力和战略眼光，以及一种坚毅的实施魄力。

秦襄公二年（公元前 776 年），戎兵大举入侵秦地，时守卫犬丘之地的将领是发誓为父报仇的世父。戎兵临境，在兵力上见弱的世父自知难以抵挡，但秦人的热血不允许他在任何一场战斗中不战而降。这种血性支撑着世父，他发誓即便到了生命的最后一刻，也要尽全力抗击西戎。在世父精神的感召下，加之浸染在每一个秦人身上的野性，使得秦兵在大敌面前临危不惧。他们都有一个共同的坚定决心：城若亡，人亦亡。

在这种精神的支撑下，世父率众奋力抵挡西戎的进犯。可惜，秦人心有余而力不足，他们再次败在了西戎的手下。世父在城破的一刻仍坚持奋战，最终被俘。

这次败仗对本已式微的秦人是一个沉重的打击。秦襄公得知兄长被俘，便立即请求亲家丰王利用他在西戎的影响力救出世父。丰王毫不费力地救得世父，世父被放了回去。当然，西戎在对与秦人的关系上的考虑也是世父被放的原因之一。毕竟秦人占据抗击西戎的战略要地，西戎不敢与其结下太深的心结，世父若死，对西戎没有好处，所以，西戎并没有杀掉世父的理由。

这件事情表明了在政局上没有永远的敌人，也没有永远的朋友。秦襄公作为一位合格的政治家，无疑是深谙此道的。另外，交际在这种事情上也实现了它的意义，而秦襄公在这一方面也是足以令人赞赏的。就这样，在秦襄公的和亲政策下，秦人与西戎边打边好，像极了一对小吵小闹的两口子。

在这段时间里，秦襄公加强了和周王室的联系，意在提高秦人在中原大地的威望。在扩展声望的同时，秦襄公也在版图上面下了功夫。在这方面，他的第一步就是往东进发，占据了汧邑（今陕西陇县）膏沃之地，并迁都于此。汧邑便是今陇县，历来是兵家必争之地，自古有"关陕钥匙"的别称，是关中通往西北的主要关隘之一。迁都于此，不仅为秦地进一步发展生产提供了土地条件，最重要的还在于此举开始了秦人往东进发的历史，也意味着秦人已经不甘心偏居西北这片荒凉之地，而将眼光放到了东方的中原大地。

在秦襄公的努力下，秦襄公五年（公元前 773 年），这个新兴的邦国已经开始崭露头角，将自己的声望成功地打出了西北戎狄之地，在中原大国间得到了普遍的关注。

襄公是个暴发户

公元前 771 年，西周在周幽王"烽火戏诸侯"的闹剧下终于结束了，周平王在众诸侯的迎立下继续了周朝的国祚。因其将国都东迁洛阳，故称东周。

周二王并立的局面在具有政治魄力的晋文侯手上毁了，周平王成了正统的周朝国君。当时周平王是在申国继位的，但申国毕竟不能作为国都所在，因此待到政局稍稍稳定后，周平王便开始了他的选都计划。周平王首先想到的是西周都城镐京，但当他和一班大臣踏上镐京的土地时，他们就明白了这个计划的不可实施性。彼时的镐京在西戎人入侵后，房屋残缺，道路龟裂，本来繁盛的城池被大火烧得如深渊般的焦黑，镐京残败至此，一时难以复原。另外，镐京离西戎太近，为防止西周历史重演，周平王最后决定将都城往东迁移。

在东方大地上的这块被周平王看中的土地名叫成周，是昔时西周的东都，也就是中国历史文明上唯一的一座"神都"——洛阳（今河南洛阳）。

当时有诸侯大国如晋、郑等对平王的支持，各派出军队护送平王。而在这个护送队伍中，有一个力量还不是很强的地方势力，也尽自己所能派出了军队，这个小地方势力就是秦襄公的秦地势力。

秦襄公在一番思虑后选择了周平王，当得知周平王准备东迁的时候，秦襄公立即派出一支军队，将平王小心地送到了新都洛阳。

周平王在洛阳站稳脚跟后，便开始了他的奖赏。他对秦人的奖赏是足够慷慨的。首先，他封秦襄公为诸侯，这意味着秦人自非子获得秦地后，终于能自豪地称自己所居的地方为国，这是在名义上的封赏。其次，周平王还赏给了秦襄公岐山（今陕西宝鸡境内）以西的土地。

秦襄公护送周平王一事，使得秦襄公名利双收。襄公大喜，几年的努力终于得到了肯定，秦人先祖在秦地的惨淡经营也终于有了回报。襄公立即将好消息告诉了逝去的先祖，然后定都汧邑，行大礼，祭祀白帝。此时，秦国以生机盎然的姿态在历史的大道上更新了自己的地位。

岐山作为周人崛起的故土，是当时古代农业最发达的地区之一。肥沃的土壤和温和的气候，再加上数百年累积下来的劳动力经验，都使得这块土地足以傲视关中。

只不过，秦襄公只是在名义上得到了岐山，这块宝地的实际掌控权仍在戎狄的手中。其实，当时周平王封秦襄公为诸侯，并赏赐其关中之地，其政治目的也是借助秦襄公在西北的力量，从而控制陕甘少数民族的骚乱，无疑有利于周土的巩固。

走到这一步，秦襄公的首要任务就是夺回岐山的实际掌控权。如今，秦襄公已经位列诸侯，更兼关中之地已在平王的允诺下全部归于他的名下，事态到了这一步，秦襄公已经没有不出兵戎狄的道理了。

面对当时诸侯掌权的局势，同为诸侯的秦襄公难以和中原老牌诸侯相匹敌。在这种情况下，秦襄公很清楚盯着东方是无益的，若想要如同中原诸侯一般夺取霸权，就必须先发展自己，而发展自己的唯一方法就是夺得自己的封地。

所有的内因外因加到了一起，便意味着秦襄公对战戎狄的必要性。因此秦襄公在此时便转变了他的外交政策，开始了对戎狄的进攻。

秦襄公十二年（公元前 766 年），秦襄公第一次突破了战局，占据了岐山，但不久后便得而复失，而秦襄公也在这一年将自己的生命献给了征伐戎人的事业。

继祖之业再奋斗

秦文公在周平王六年（公元前 765 年）继位，接过了秦襄公未竟的事业，并且秦文公追随了襄公晚年的政策。

文公刚立，比起贸然出兵西戎，或许先着手处理一些内政会更有意义。毕竟，对于一个新的执政者，取信于民，以及在百姓面前树立威望，这才是管理好一个国家的前提。另外，秦国和西戎的力量对比在秦襄公晚年已经得到了一定的证明，即秦国的力量和西戎相比，只能马马虎虎称个平等。在这种情况下，出兵的结果只能重蹈秦襄公的覆辙。因此，在政策的选择上，秦文公的考虑是周到的，这也表明了其政治眼光的敏锐程度丝毫不在秦襄公之下。

周平王八年（公元前 763 年），秦文公和七百多名亲信士兵前往东边去打猎，这一段历程长达一年，或许这无非是以打猎之名而进行的政治巡视。一年后，秦文公来到了汧、渭两河的交汇之处，此地处于今陕西宝鸡眉县附近，在古时被称为陈仓，秦文公看到这块土地时，似乎有一种特别熟悉的亲切感。因此，秦文公有了一个想法——迁都。

秦国迁都到陈仓之地后，秦文公谨慎管理，在不足的方面尽量引进中原大国的经验，发展经济，教化百姓。或许陈仓果真是个风水宝地，因为，秦国在秦文公的一系列政策和十几年的休养生息后，已经步入了发展的正轨，获得了比秦襄公在位期间还大的成就。当然，这一切必须归功于秦文公的能力。

秦文公十六年（公元前750年），文公派兵往西戎大举进发。在这一次的战争中，秦人的力量已经异于秦襄公之时。因此当西戎人在面对卷土重来的秦人时，明显感到力不从心，他们已经阻挡不了秦人的进攻，最后只得以败退的形式来结束这场战争。

秦文公带领秦军获得了秦国对西戎的第一次大胜利。秦文公在击退西戎的同时，顺利并且稳定地占据了岐山之地。在获得岐山的同时，之前在西戎管制下的周朝遗民也被编入了秦国的人口系统之中。由此，秦国在秦文公击败西戎一役后，在土地和劳动力上的收获都取得了可观的成绩，为秦国日后的发展提供了更为丰富的资源。

秦文公五十年（公元前716年），秦文公去世。由于秦文公的长子（秦静公）于两年前先文公而去，接替文公位子的是其长孙嬴立，是为秦宪公。

嬴立执政期间，国都再次迁移，这次迁到了平阳（今陕西宝鸡眉县）。

秦宪公凭着他的壮志，在继位两年后（公元前714年）派兵攻下了亳戎荡社（今陕西西安）部落，然而他的功绩仅限于此。

秦宪公在位期间没有特别亮眼的表现，他谨慎地走着前人的路子，对于秦国的发展也贡献了他的一点儿力量。

秦廷的骚动

秦宪公在秦君位子上谨慎地坐了十二年。在秦宪公晚年，秦国大臣弗忌带领着另外两个野心者，已经暗中规划着他们的周公事业。而面对这种权力的逾越，秦宪公却表示出了退让的势头，结果自大的弗忌开始了无法无天的行动。

弗忌和另外两个大臣官居庶长，秦人将他们统称为"三父"。庶长是秦国的特有官职，在春秋时掌握着除君王以外最高的军政大权，其地位相当于周朝的卿。地位高了，难免自恃功高。何况作为庶长，还统有秦国军队，所有这些因素都足以令"三父"猖獗起来。

太子眼看"三父"如此嚣张，虽心有不满，却也无能为力。因此，在一场悄无声息的宫廷政变之后，秦宪公最年幼的儿子被"三父"抱上了王位。从此，秦国历史迎来了短暂的秦出子时代。

秦出子继位，时年五岁，没人能指望一个五岁的孩子可以管理好一个国家，这为"三父"的摄政提供了一个很好的理由。

公元前698年，年幼的秦出子死于"三父"之手。隔年，太子重新回到了本属于他的位子，重新燃起了他六年前的执政热情，开始了他以"武"为名的政治生涯。

秦武公面对着和前人一样的两个问题，即社会发展和领土扩张。同时，秦武公在历史的演进后又增添了前人所不必面对的一个问题，即来自权臣方面的威胁。这三个问题共同指向了一个目的：政权的巩固。秦武公必须在这方面付出他毕生的努力。

在这三个问题中，令秦武公最感威胁的始终是权臣的存在。毕竟，权臣对政局稳定的威胁是最为直接的，所以秦武公必须在这方面先下狠手。

因此，秦武公在继位后的前几年，满脑子想的都是如何除掉"三父"。

武公德公好榜样

秦武公在他继位的头一年，以讨伐彭戏氏为借口，来到了华山脚下。巍峨的华山山巅，青葱翠绿的树木覆盖整个山头，云雾环绕其中，令人感到庄严而神圣。秦武公望着眼前之景，顿时心头一颤，立即喜欢上了这个地方。因此，他宣布：我要在这里度个假。

秦武公刚接过王位，就在华山脚下的华阳宫过起了他的悠闲日子，众人纷纷议论这个君王有点昏庸。其实，他们并不知道秦武公正在等待。在这个等待的过程中，秦武公尽量令自己的生活低调而简单，因为他正准备着一场夺回权力的斗争。

"三父"虽然重新让秦武公回到了他的王位，却从来都不甘心将权力交到他的手里。失去了秦出子的年幼借口，"三父"正式向人们表明了他们对权力的向往。"三父"的张狂引起了许多臣子的不满，只可惜"三父"的势力强大，秦武公也得对他们礼让三分。因此，众臣子对"三父"也只能咬牙忍着，和秦武公暗中使眼色。

有不满就有反抗，秦武公和臣子们虽然暂时不能拿"三父"怎么样，但是他们已经在暗中计划着。秦武公离开王宫来到华阳宫，使自己远离"三父"的监视，将使得他们的计划进行得更加顺利，这就是他们的第一步。

秦武公在华阳宫慢慢地蓄积着力量。一个正统代表在局势所迫下只得偷着来，这实在令秦武公感到羞愧万分。

武公三年（公元前695年），秦武公在华阳宫准备了三年，终于能和"三父"正面叫板了。机会一来，秦武公就不再忍让。这一年，"三父"为他们的自大付出了生命的代价，而秦武公诛灭他们的理由是：你们杀死了我年幼的弟弟。弑君之罪足以使"三父"死十遍，而"三父"只有一条命，因此拉上了他们的族人陪葬。

"三父"已死，政权在内部巩固起来，武公随即将他的眼光往外放出。武公在他马不停蹄的征伐事业中先后征服了绵诸、邽戎、冀戎、义渠戎、翟和貘等戎族，将这些少数民族初步控制在秦国的版图下，使秦国的势力在武公年间达到了关中渭水流域。虽然这种征服在戎人的反复无常下难以实现它的实际意义，但它为秦国的权威奠定了初步的基础，这是秦武公在位期间最出色的功绩。

当然，秦武公并非一个单纯的用武之人。在政治上，武公初设县制，成为秦国地方管理制度的雏形，为秦国日后对于广大领土的管理提供了一份宝贵的思想。

公元前678年，秦武公去世，并且在秦国历史上开了一个先例——殉葬。

似乎秦人的君主都有御用城市的习惯，如陈仓之于秦文公，平阳之于秦宪公。秦德公在这一方面也不甘落于其祖辈之下，因此，在他继位的第一年，就开始了他的迁都计划。

占卜过后，专属于秦德公的国都确定在平阳的正北方，名叫雍城，位于今陕西省宝鸡市凤翔县南。雍城在秦德公入主之后，在将近三百年的时间里，都作为秦国的国都所在。

秦德公迁都之后，便开始了他雷厉风行的政治改革，秦国在此期间得到了飞速发展。此外，秦德公还在历法上首次加入了"入伏"这个概念。农历六月，中国气候进入全年最热的时刻，秦德公为解决在这期间容易受热致病的问题，提出了入伏的概念，让百姓在这个时候要想办法避暑消热，以免患病。从此，伏天的概念在整个中国土地上得到了重视。

历史为秦国提供了一个贤明的君主，可惜还没坐够两年王位的秦德公就向世人做了告别。三十五岁的秦德公抱着英年早逝的遗憾郁郁而终。相比于两年的短暂执政时间，他的贡献却让我们对这个聪明且有责任心的君王感到加倍敬佩。

就在秦国国力蒸蒸日上的时候，中原却开始了它的动乱期。昔时，周平王的东周建立在诸侯国相助的前提下，这便为日后东周诸侯的夺权埋下了祸根。而在诸侯强盛的时代，周王朝却没有出现一个有为君王。

继秦德公之后，秦宣公已经开始将东进的计划付诸实践。

宣公以晋为窗

公元前675年，秦国国都雍城再次响起了庆祝王位交接仪式的乐曲，秦宣公在众人的殷殷期待中端庄地走向王位，在一片充满敬意的欢呼声后，稳稳地坐在了王位之上。

周王室的动乱引起了众多诸侯的注意，其中当然也包括刚继位的秦宣公。

在子颓之乱于东方轰轰烈烈地上演着的时候，秦宣公只是做出了观望的姿态。当然，既然是观望，就表明了秦宣公也明白一个事实，即周王室如果再这样继续衰败下去，同时只要他让秦国再发展一段时间，自己将会有足够的实力去干涉东方的事务。

因为秦宣公对待子颓之乱的态度，秦国得以在这四年期间（公元前676年至前673年）继续韬光养晦，和平地发展着自己的经济，由此，秦国的实力又往前推进了一步。

秦宣公对于东方的政局还在观望中，在这期间，他不但看到了周王室的衰弱，同时，他也看到了一个诸侯国的称霸之路。

这个在晋国西方和晋国毗邻的国家正是秦。当时秦国在秦宣公的统治下低调地发展着，但是这种低调还是引起了邻居的觊觎。其实，秦宣公也一直在觊觎着这个邻居，只是晋国实力和威望都比自己高，因此宣公不便轻易动手。而从来挑起争端的都是强大的一方，因此，晋国便先出手了。

晋国多次入侵秦国，但秦宣公一开始还是保持着低调的态度，不愿将和晋国的战争上升到白热化的地步。但是在晋国多次的挑衅下，就是宣公受得了，秦人也受不了。在秦国国民和大臣们的多次劝谏下，秦宣公终于下定决心，发令全国开始进入与晋对抗的状态。

就这样，秦宣公四年（公元前672年），宣公在祭祀了青帝之后，正式对晋宣战。

在这之前，秦人都忙于和西戎交涉，虽有心向东，却无力向东。此时，晋国自己挑起了战端，准备了那么久的秦宣公也就决定不再等待了。因此，秦宣公开始了他以晋为窗的东进战略。

在秦晋多年的交战中，晋国虽较具实力，但秦人在与西戎对抗的多年经验下所累积的虎狼之性，却也令晋军不敢小觑。因此，两国之间并无很大的胜负，两家往来小打小闹，对两国，对整个春秋都没有造成任何大的影响。

在和晋国争斗了八年之后，即秦宣公十二年（公元前664年），秦宣公去世了。秦宣公作为秦国的又一个贤君，继续发展了秦国国力。最为可贵的，秦国历史在宣公年间进行了改写，从一个专注于内部发展的封闭式诸侯国，转向了与中原文明国家争强的自信社会，这是秦宣公最大的贡献，是秦国历史上值得后人纪念的里程碑。

秦宣公死了，继位的是他的弟弟秦成公。成公平庸，在位短短四年，没有大错也没有大功。其间发生了一件事，让秦成公和后人明白，要想东进还需要多加努力。

秦成公年间，齐桓公以中原霸主的身份来到了西方征讨戎族。因为当时有一个戎人政权孤竹国（今河北卢龙一带）出兵入侵燕国，燕国告急于齐。齐国大兵来到孤竹，当时秦国有大臣考虑到孤竹距离自己国家太近，孤竹之灭对秦国或许不利，因此提议成公出兵相助。

成公思虑过后，他向大臣解释说秦国的国力远远弱于齐国，要和齐国正面对抗基本是不可能的。因此，秦国放弃了这个援助的想法。

确实，以秦国当时的实力，要和中原霸主齐桓公较劲，那是自不量力。也因为他们明白这一点，才更加感慨自己的地位。所谓人外有人，天外有天，齐桓公的大兵临近眼前，秦国便失去了任何骄傲的资本。看来，以晋为窗只是第一步，要想继续东进，秦人还需要更加努力。

秦成公四年（公元前 660 年），成公在安静地度过他短暂的君主生涯后与世长辞了。继位的是秦成公的弟弟，便是后来的秦穆公。

穆公的霸业

秦穆公名任好，是秦宣公和秦成公的弟弟。秦穆公继位后的第一步行动是出击茅津（今山西芮城东）的戎人。这些戎人夹在秦国和晋国之间，秦穆公要想成功实现与晋国的交涉，就必须先平定这部分戎人的势力。

秦穆公在成功征讨了这部分戎人之后，便将眼光正式转移到了晋国的身上。秦国在与晋国的多年小争小斗中，虽无大败，但它的实力确实仍在晋国之下。虽然秦国经过多年的发展，国力有所增长，但与中原大诸侯国对抗仍显力不从心。

秦穆公自知实力不如晋国，在这种情况下，秦穆公想起了当年秦襄公对待西戎的政策——和亲。

秦穆公五年（公元前 655 年），晋国还是晋献公在当家。晋献公灭了虢国和虞国，霸气正盛，秦穆公于是做出毕恭毕敬的样子写了一封信给晋献公。信中在一贯的客套之后，表明了这封信的目的：秦穆公希望娶得晋献公的女儿。晋献公收到这个请求，在一阵迟疑和公开讨论后，最终做出了决定：将自己的大女儿嫁给秦穆公。

任何一门政治联姻，其背后都有双方各自的打算。秦穆公对晋采取和亲的原因，其一，自己实力不足，多年的秦晋之争对于秦国并无益处，相反，短暂的和平能为秦国争取一段发展的时机；其二，晋国作为秦国向东方前进的门户，秦国要对东方施加控制力，就必须先搞好和晋的关系。因此秦穆公此举无疑是借晋国为踏板，开始他的东进计划。

与秦国联姻一事上，晋献公有自己的算计。晋献公虽然实现了晋国的强大，但此时的他也已步入晚年，一个重病的老政治家已经有心无力，只能逐渐将眼光缩回宫廷之内。与此同时，位于晋国南部的楚国正在崛起，这个国家对于晋国的发展也有了一定的威胁。另外，晋国的东方又盘踞着老牌诸侯国齐国。在这种多方夹击的情况下，晋国就有了稳定各方的理由。

当时，晋国和三大国接壤——晋国和齐国实力相当，发生大冲突的可能性较小，因此对于晋国的问题就徘徊在结好秦国或是楚国之上。楚国从南方崛起，日益威胁到北方各诸侯的地位，因此北方诸侯对其均报之以仇视的态度。这一点，齐桓公先向世人表明了他的态度。当时，齐桓公就曾派出军队准备伐楚，并为这次的出兵列举了两点理由，这些无外乎是楚人不尊重周王室的借口。另外，后来的霸主宋襄公也曾被楚国所囚，释放后还和楚国发生了一场大战。楚国的遭遇表明了，在当时诸侯争霸的背景下，中原大国对于一个猖獗的"外来户"是可以持一致打击的立场的。晋国作为中原大国，自然也不会例外。

和楚国相比，秦国在西北虽然也有崛起的态势，但只因秦人一贯忍耐，做事低调，所以他们的崛起并没有令其他诸侯国受到威胁。同时，秦国和当时的霸主齐国中间隔了一个晋国，因此秦国的崛起并不会对齐国构成直接威胁，齐国认为没有必要对秦国施压。秦国正是在这种情况下获得了中原大国的认可，虽然这之中有些许轻视的因素。

在如此对于秦、楚两国的考虑下，晋国显然还是会倾向于秦国的。正好，秦穆公也懂得这样分析，因此他及时出手，将这个分析中的春秋格局变为现实。懂得韬晦之计，这无疑是秦国比楚国聪明的一点，凭着这一点聪明，秦国顺利步入了中原诸侯大国的行列。

五张羊皮的买卖

秦穆公五年（公元前655年），晋献公以假道伐虢的计策灭了虢国和虞国。当时百里奚是虞国的大夫，虞国灭亡，他则变成了奴隶。百里奚由此来到晋国，加入了奴隶的行列。百里奚本名虞奚，因为住在百里乡，故人称百里奚。

就在虞国被晋国灭亡的后一年，秦穆公便来向晋献公求婚。晋献公答应了秦穆公的求婚，开始着手置办嫁妆。百里奚作为陪嫁奴隶，被送往秦国。不屈的他终于在路上逃掉了，然而这并没有结束他的奴隶生涯，因为在逃跑的过程中，他被楚人抓走，继续他的奴隶生活。

百里奚就这样从晋国辗转到了楚国，可是生活还是一样落魄。在楚国，楚成王听说百里奚擅长养牛，因此便让他干这个工作。在长期与牛相处之后，渐渐地，如同当年他在家一无是处的时候，百里奚又开始自怨自叹了。而这时候，百里奚的身边没有妻子，没有朋友，已经失去了他的激励源泉，仿佛一切即将步入结束，而百里奚也好像只能将他的后半辈子埋葬在牛群里了。

当秦穆公无意中听到别人说起百里奚这个名号时，便起了兴趣。他叫来大臣公子絷，对他说出了自己的想法。原来秦穆公希望用重金购买百里奚。

可是公子絷认为，秦穆公如果用重金购买百里奚，那么楚成王便会觉得百里奚是个人才，从而将他留为己用。因此，公子絷建议秦穆公，既然楚成王让百里奚去养牛，说明百里奚在他眼里，不过是一个奴隶的价钱，那不如用购买一个奴隶的价值，去买回百里奚，这既可以以贱卖贵，又能防止楚成王多疑。

秦穆公觉得公子絷所言很有道理，因此便向楚成王提出了一项交易：用五张黑羊皮购买奴隶百里奚。百里奚在楚成王眼里只能养牛，而会养牛的人到处都是，因此楚成王根本不会在意他，所以这场交易很快就成功了。

百里奚就这样从楚国解脱了。当他来到秦国时，秦穆公立即亲自接见了他。秦穆公的接见令百里奚感到惊慌失措，他自认为是亡国之臣，根本不配国君垂询。秦穆公认为百里奚太谦虚了，亲自解除了百里奚的奴隶身份，并向他询问国家大事。

百里奚的政治言论令秦穆公兴奋不已，因此秦穆公便提出了想让百里奚当上大夫的想法。上大夫在秦国的地位基本等于丞相。百里奚听到秦穆公的提议，一时没反应过来。

百里奚想起了自己多年的苦难经历，想到了蹇叔。当年蹇叔曾告诫他投靠虞公并不是一种好的选择，但因他当时不愿等待，所以才造成后来的局面。若没有蹇叔，他百里奚指不定现在还有一餐没一餐地过着日子。因此，他要报答蹇叔。

百里奚拒绝了秦穆公的邀请，并向秦穆公讲起了自己的朋友蹇叔，希望秦穆公能将蹇叔迎来，让蹇叔当上大夫。秦穆公的爱才之心使他不愿意放过任何一个人才，有了一个百里奚，还顺带送了一个蹇叔，何乐而不为？因此他用重礼请来了蹇叔，让他和百里奚一起当上了秦国的上大夫。

秦晋分道扬镳

晋文公在城濮打败楚军，后又接受周天子的面见奖赏，正值顶峰的晋文公大会诸侯，正式坐上了霸主的位置。就在晋文公一方独大的时候，却有一个小国特立独行。他不将所有的筹码赌在晋国身上，而是分散投资在晋和楚两方之上，这个深谙投资之道的小国正是郑国。

郑国到了郑文公时，国力已大不如前。而郑国夹于楚、晋之间的地理位置也注定了它难以发展的事实。两个大国在两旁挤压着郑国，郑国要想生存，就必须懂得八面玲珑之道。因此，在晋、楚争霸的这段时间里，郑文公唯一能做的就是在两方之间徘徊犹豫。

郑文公这种蝙蝠式的反复性格不能令人感到满意，反而激起了晋国的不满。早在晋文公逃亡的时候，郑文公对于晋文公毫无亲近的表示，无疑在晋文公心里留下了一道心结，因此，晋文公早就想找个借口来整治郑文公。这时，对于郑文公的反复无常，晋文公找到了让他出兵郑国的理由。

当然，晋文公并不想单独出兵郑国，因为郑国背后还有一个楚国。虽然楚国在城濮败给了晋国，但这并不表示楚国从此就失去和晋国抗衡的能力了。因此，晋文公在出兵郑国之前还做好了万全准备，如同当年城濮之战时找来秦国，这次晋文公也给秦穆公送去了合作的请求。

秦穆公收到了晋文公的来信。这封信件令秦穆公异常高兴，因为晋文公在出兵郑国时想到的合作对象是秦国，而不是齐国或其他诸侯国，这说明秦国借晋国影响中原的战略已经实现了。秦穆公在高兴之余，唤来了众大臣商议是否出兵郑国。君臣商议的结果是：把握这个时机，出兵郑国。

秦国给了晋国回复，称自己愿意出兵相助，到时秦军将驻扎在汜水南面，希望晋国也做好准备。晋文公一收到回复，兴奋不已，立即调兵遣将，驻扎于函陵之地。

郑文公此时正在为自己的地理位置而烦恼着，忽然有人来报，秦、晋两路联军抵达郑国边境，已做好了攻伐郑国的准备。郑文公一听，脸色立刻变了，在那里恐慌地颤抖着。

躲在国都里恐惧是没用的，郑国在晋、楚两强的夹击下还能存在那么久，一来，固然有晋、楚对于两国之间留个缓冲带的考虑，二来，我们也不能忽略了郑文公的能力。毕竟，如果郑文公是个昏庸之君，那郑国只怕早已羊入虎口。因此，面对这次大敌临近，郑文公只得勉强收拾起恐慌之心，叫来大臣们讨论对策。

在毫无对策的时候，郑国有个大夫忽然想起了一个人，于是他对郑文公说："国危矣，若使烛之武见秦君，师必退。"（《左传·僖公三十年》）意思是，国家危难，如果派遣烛之武见秦君，秦国的军队一定会撤退。烛之武，这个人有那么大的能耐吗？郑文公心里这样想着，但是，在紧急关头，也只好死马当活马医了。于是郑文公听从了大夫的建议，亲自请烛之武来想想办法。

可是烛之武摇摇头，故作哀叹状对郑文公说："臣之壮也，犹不如人；今老矣，无能为也已。"（《左传》）意思是，我在以前壮年的时候，都不如别人；如今已经老了，更不能做什么能够帮上忙的事了。原来烛之武也是空有一身抱负却得不到重用之人，此时君主来请他出山，他自然要表达一下自己的不满。

郑文公听了烛之武这酸溜溜的话，明白这也就是一个老臣发发牢骚而已，心里还是激动不已。当然，郑文公是个聪明人，他故作后悔的样子，摇了摇头，直说当初没重用烛之武是他的错，希望烛之武能原谅他。

烛之武对秦、晋联军进行了分析，他认为两军虽联合，却各怀心计。尤其是秦国，本来秦国和郑国也没有什么交涉，因此此次秦国对于郑国的攻伐必然是不积极的。凭着这一点，烛之武相信只要以自己的三寸不烂之舌，便可以劝退秦军。秦军一退，晋军孤立，自然也就退兵了。

烛之武计划完后立即付诸实践。首先他要去秦国军营中面见秦穆公，此举一定不能让晋文公知道，毕竟晋国人才济济，烛之武一人的口舌再利，也挡不住多人一起口诛。因此，烛之武趁着夜色，命人用绳子绑着他，然后将他慢慢地从郑国城楼上放下去。

烛之武来到了秦营里，求见秦穆公。烛之武见到秦穆公后，直入主题。他表明了这次前来面见秦穆公的目的：希望秦国退兵。但是，要自己退兵哪有那么容易？秦穆公希望烛之武能说服他为什么要退兵。

烛之武面对和善的秦穆公，放下了戒心，对他说出了要秦国退兵的理由。原来烛之武认为灭掉郑国对于秦国有害而无益。因为秦国和郑国并不相邻，两国之间被晋国给隔了起来，郑国如果灭亡，土地必然都归晋国，便是有一部分土地给了秦国，那相离甚远的秦国又要用这块土地做什么呢？因此，秦军帮忙灭掉郑国这一个行为无疑只是在为晋文公作嫁衣裳。帮晋文公扩大他的土地，同时意味着削弱了秦国，秦穆公何必做这种伤害秦国的事呢？

说到这里，秦穆公稍露迟疑的神色。他觉得烛之武说得也不无道理，当时自己出兵郑国只考虑到有机会参与中原的事，倒真没想那么多。烛之武见秦穆公已经对不上话来，知道自己已经成功了一半，立即接着往下说。

烛之武说起了昔日晋惠公对秦穆公的背约一事，然后得出了晋国贪婪的结论。因为晋国贪婪，如若郑国灭亡，那么不满足的晋国必然往西发展，而秦国正处在晋国的西边！

这事真是说到秦穆公心坎里去了。当时晋惠公的儿子在秦国做人质时，晋惠公还要让自己几分，现在晋文公当上霸主了，哪会在意他这个岳父的地位？再者，晋国现在比秦国强大，如果仍一味地帮助它，那以后还如何实现秦国控制晋国称霸中原的目标？想到这里，秦穆公再也不愿傻傻地帮助晋文公这个女婿了。最后，他感谢烛之武的一席话，并声称自己不久便会退兵。

在烛之武回到郑国不久，秦国便和郑国订立了盟约，并派出军队驻扎郑国，秦穆公自率主力而归。这个消息传到了晋营里，这令晋文公感到尴尬。如果出兵进攻郑国，那必然要和留守郑国的秦军公开对峙；如果不攻，兵已经来到这里，无功而返又令他难以释怀。

晋文公进退两难，这时有人建议晋文公先袭击秦军，再进攻郑国。但是，晋文公考虑了一下，觉得现在还不是和秦国撕破脸的时候，最终只好退军而返。

秦、晋的关系在这里开始陷入尴尬的局面，两年后，晋文公去世后，这两个国家将彻底撕破脸，进入它们的决战时代。春秋历史走到了这一步，秦晋之好已成为历史。

穆公要出手了

秦穆公三十二年（公元前 628 年），一代霸主晋文公逝世。晋文公在位不到十年，却顺利俘虏了中原众诸侯的心。因此，当晋文公的继位者晋襄公将文公的死讯公告于天下时，几乎所有诸侯都赶到晋国参加文公的葬礼，但在到场的这些诸侯中，晋襄公却没看到秦穆公的身影。

当秦穆公接到晋襄公发来的讣闻时，非但没有为女婿的过世而感到伤感，相反，秦穆公暗暗激动了起来。这个阻碍自己称霸的人终于走了，现在，是自己出场的机会了。

晋文公走了，秦穆公也就不想再等了。因此，趁着晋国忙着办理文公后事的当儿，穆公决定要出手了！

秦穆公召集大臣们，对他们说出了自己的心事。原来穆公一直记挂着自己对于晋文公的帮助，帮助他回国，更将勤王的机会让给了他，要不是自己，晋国哪能有现在的地位？

百里奚在穆公的抱怨中看出了穆公的心思，但是百里奚却不赞同穆公的想法，他希望穆公能消一消火，以大局为重，不要贸然出兵。但是年老的秦穆公一意孤行，他已经不能再等了，女婿都走了，自己还能等到什么时候？百里奚知道穆公心意已决，也就不再劝说了。

可是出手也不是说做就做的，必须规划好整个行程。首先，要出兵晋国必须找个理由，可是眼下秦穆公一时也找不到借口，何况在人家办丧事的时候偷袭，只怕会落下不仁不义的骂名。就在秦穆公和他的谋臣们为这个行动伤脑筋时，又有讣闻传到秦国——郑文公也跟着晋文公走了。

跟随讣闻而来的是一个叫杞子的人的来信。杞子是当年秦军留守郑国的将领，他在信中跟穆公作了郑国现况的报告。原来继承郑文公位子的是郑穆公，这个郑穆公年轻的时候曾经在晋国当过大夫，和晋文公有交情，因此他一上位便归附了晋国。杞子认为这时候可以出兵郑国，而自己正好握有郑国北门的钥匙，可作为内应为秦军打开郑国的大门。

这个突如其来的事情点亮了秦穆公的对晋策略——他决定先出兵奇袭郑国。其实，出兵郑国是完全有理由的，当年烛之武退秦师之后，秦、郑两国订下了盟约，郑国承诺当秦国在东方的依附国。可是郑穆公一上位却倚向了晋国，而忘了当年和秦国的盟约，就凭这点，秦穆公便有了出兵郑国的理由。而秦国一旦出兵郑国，晋国自然也不会坐视不理，两国的大战将不可避免地爆发。另外，当年秦军从郑国退回的时候，还留下了杞子等将领驻守郑国，有了这些内应，秦国打郑国也将更加容易。

这时百里奚和蹇叔一听，更加慌了。出兵晋国已是难事，还想路过晋国的土地远征郑国？蹇叔急忙再谏穆公，认为郑国之远，想要奇袭是不可能的，而军队在长途跋涉后必然劳累不堪，因此袭击郑国的计策万万不行。百里奚也跟着蹇叔，再行劝谏。

有个大臣见百里奚这群老臣如此担忧，揶揄他们真是胆小鬼，然后胸有成竹地向穆公自请领兵出战，又保证自己必会大胜而归。

于是，秦穆公便忽略了百里奚和蹇叔的劝谏，拜这个青年为大将，以他身后的两个青年为副将，将征伐郑国的事全权交给了他们三个年轻人。

这时，百里奚更是吓坏了，没想到，自己的儿子孟明视竟然自请出兵！

而被点为副将的另外两个人，一个叫西乞术，一个叫白乙丙，这两个人是蹇叔的儿子。就这样，孟明视在拜将以后，领着西乞术和白乙丙两个副将，带着一支士气饱满的军队，威风凛凛地走出了秦国的东大门。

望着孟明视的军队往东而去，百里奚则暗暗叹了一口气，眼眶里充盈着泪水，似乎再也看不到儿子了。在百里奚一旁，蹇叔早已按捺不住心里的悲伤，他大哭着喊道："孟子！吾见师之出而不见其入也！"（《左传》）意思是，孟明啊！我能看着你们出去，却看不到你们回来了。这句话真是大忌！秦穆公一听，讽刺地回蹇叔道："尔何知，中寿，尔墓之木拱矣。"（《左传》）意思是，你知道什么？你如果在中寿的年龄死去，你墓上的树也该长到两手合抱那么粗了。

百里奚生怕君臣生隙，赶快扶起痛哭不已的蹇叔，往城里走去。可是蹇叔一边颠簸地走回，一边哽咽地向远去的军队大喊道："晋人御师必于崤，崤有二陵焉。其南陵，夏后皋之墓也；其北陵，文王之所辟风雨也，必死是间，余收尔骨焉！"（《左传》）意思是，晋国人必定在崤山抗击我军。崤有两座山头：南面的山头是夏后皋的坟墓，北面的山头是周文王避风雨的地方。你们一定会战死在这两座山头之间，我就在那里收你们的尸骨吧！

蹇叔认为晋国必定趁着秦军东进的时候于晋国的崤山（今河南省西部）偷袭秦军，而秦军远征，精力必然比不上晋军，到那时，以逸待劳的晋军将大胜秦军，而他蹇叔必然会去那里帮他们收尸。

孟明视首出兵

当孟明视领着军队离开秦国的时候，急躁的心已经忍受不了父亲那烦人的交代。他随口应了几句，便下达了出发的军令。

气焰旺盛的秦军路过了周王室的都城洛邑北门，照理，军队从周天子前面大肆走过是不敬的，但是生在乱世的孟明视实在不想顾忌那么多了，结果是"左右免胄而下，超乘者三百乘"（《左传·僖公三十三年》）。意思是，兵车上左右两边的战士都脱下战盔下车致敬，接着有三百辆兵车的战士刚下车又一跃而上。面对秦军表现出的轻佻无礼，周王室有一位童子作出了这样的预测："秦师轻而无礼，必败。轻则寡谋，无礼则脱。入险而脱，又不能谋，能无败乎？"（《左传》）意思是，秦国的军队轻佻而且没有礼貌，一定会失败。轻佻就会谋略少，没有礼貌纪律就会松弛。进入险境如果纪律松弛，再加上不会谋划，他们能不失败吗？这位童子就是后来的周大夫王孙满。预测虽说不能相信，但他点出了一个事实，即孟明视年少轻狂，这很可能成为他兵败的原因。

军队经过洛邑后继续出发。孟明视带着军队已经走了很多天，却还没到达目的地。时为秦穆公三十二年（公元前628年）冬，有小雪纷飞，冷清的道路唯有寒风呼啸，活像躲藏在深山野林里的怪兽，随时都有可能冲出。

又走了一段路程，时间已经从秦穆公三十二年末进入秦穆公三十三年（公元前627年）初，孟明视带领着军队来到了滑国（今河南偃师东南）的土地上。滑国离郑国只有八十公里远，孟明视精神大振，恢复到刚出雍城的那份信心，仿佛胜利已在眼前。为确保军队在袭击郑国时有足够的精力，孟明视便令军队在这里暂作休息。

就在秦军休息的时候，哨兵远远看见有一个人赶着一批牛群往军队这边走来。当哨兵把这个发现上报给孟明视时，孟明视随即令人将这个人请来，探询究竟。

这人来到秦营里，大大方方地向孟明视做了自我介绍。原来他叫弦高，是来自郑国的使臣，因为郑穆公得知秦军正驻扎在滑国之地，于是派出他领着牛群前来犒劳秦军，并代表郑穆公欢迎孟明视三位将军前往郑国一坐。弦高说完就将随身带着的四张牛皮和十二头牛献给了秦军。而实际上，弦高只是遇到秦军，为求自保才假装使者犒赏秦军。

孟明视一听，顿生疑虑。这次出兵并无透露，为何郑国却已经得知？而郑国既然已经得知，那必然会提前做好准备，此时自己再贸然出兵岂不是很危险？

孟明视对弦高表示，自己此次东征不过为讨伐滑国，与郑国无关。弦高一听，也知道他不过是找了个借口，随意回应了几句，便告辞了。

弦高骗退了孟明视后，立即赶回郑国，向郑穆公报告了这件事。郑穆公又惊又喜，便表示要奖赏弦高，却被弦高婉拒了。这时郑穆公想起了身在郑国的秦将杞子等人，秦军前来，这几个人必定是身为内应。于是郑穆公找了个借口遣送杞子等人回国，杞子等人接到消息，知道偷袭事败，为免生枝节，也只好先行回国。就这样，郑国逃过一劫。

孟明视认为袭郑已不可取，但又不想无功而返，于是兵分三路，自己领一军，由西乞术和白乙丙各领一军，团团围住滑国都城。滑国是比郑国还小的国家，哪能抵挡得了秦国这样的大军降临。秦军顺利攻进了滑国，滑国国君被迫逃亡。

当孟明视班师回国时，他们再次来到了一个叫崤山的地方，在今天河南西部洛宁县北。这是一座险峻的山脉，主峰高达1850米。山分东西二崤，中有谷道，是一条狭窄的通道，这通道最多可容一辆战车，依傍着万丈深渊，盘旋曲折。秦军要回国，必须从这条通道走过。

巍峨的高山和惊险的山路映入了孟明视的眼里，孟明视感到奇怪，之前出征的时候路过未觉大碍。但经历过弦高之事后，仿佛一切都变得没那么顺利了，这座山在这个时候忽然变得比来时更加可怕。此时正值春季到来，天气还未完全回暖，一阵冷风从山间吹出，孟明视在这阵风里隐隐约约地听到了出征时蹇叔的话："必死是间，余收尔骨焉！"

孟明视颤抖了。

出师未捷陷囹圄

孟明视自以为灭了滑国后便可以安心地回家，却不知晋国此时正在策划一场阴谋——消灭这支秦国的军队。

当时晋文公去世还没有半年，秦国便如此嚣张地踏上自己的国土，且征讨的目的地还是自己的盟国郑国，这无疑是在对自己的霸主地位叫板。秦穆公此举实在令晋襄公和他的臣子们难以忍受。

当时晋国反秦最激进的大臣是先轸。先轸一直都将秦国作为心腹大患，只是晋文公在世时总是以接受过秦国帮助为借口，不愿和秦国公开作对。现在晋文公刚死，秦穆公便露出了真面目，想要来抢晋国的霸业。如果晋国再忍让下去，只怕辛苦经营的霸业就要拱手让人。

于是先轸来到晋国新君晋襄公的身旁，当着他的面斥责了秦国的贪念，并希望晋襄公能趁这个大好机会伏击路过的秦军。在晋国，并不是所有大臣都是仇秦的。当时晋国六卿之一的栾枝便和先轸持有不同的意见，他认为晋文公不愿以怨报德，而晋襄公应该秉持先主的遗愿。

栾枝这话不过是提醒了晋襄公，要攻打秦国必须有个借口，无名而出兵对于晋国的霸业只怕有害。

先轸也明白这点，这时他为晋襄公提出了几点可作为攻打秦国的理由。

其一，秦穆公作为晋文公的岳父，没有参加晋文公的丧事，甚至还在晋国为晋文公办理丧事时便私自踏上晋国的土地。其二，秦穆公的出兵对象是郑国，而郑国可是晋国的同姓国（姬姓）兼同盟国。

先轸列出了这两点，便不怕出师无名了，而晋襄公也比较倾向于先轸的言论，毕竟要报恩的是晋文公而不是他。再者，秦穆公的行为已经算是半公开地和晋国叫板了，晋襄公又怎么能忍受秦穆公欺压到自己头上。因此，晋襄公下令：先轸统军，伏击秦军。

先轸接受军令，开始准备击秦。他联合姜戎，令晋军和姜戎士兵埋伏在崤山的隘道，待孟明视领大军路过之时，伏兵一出，将秦军杀个措手不及。晋襄公为鼓舞士气，亲自上战场督军。晋襄公此举令晋国士兵士气大涨，他们已经做好了让秦军有来无回的准备。

孟明视领着军队刚进入晋军的埋伏圈，忽然轰隆一声，孟明视抬头一看，只见一块大石沿着山体滚动而下，直砸进秦军的前军。士兵们立刻慌了阵脚，你推我攘，慌乱之下却怎么也逃不出这条山道。

就在秦兵慌乱的时候，更多的大石紧随而来，纷纷砸进了秦军的队伍里。秦兵喊的喊，哭的哭，跑的跑，在这般鬼哭狼嚎之下，天地好像也开始动摇了起来。

与山道的暗红血液相衬，秦军头顶上的天色忽然暗了下来，抬头一看，只见密密麻麻的箭镞掩盖了整片天空。充满力度的箭镞纷纷射进秦兵的身体，秦兵血液喷溅。

再也没有一条路能逃。在这突如其来的袭击中，整个山道溅满了秦兵的血，铺满了秦兵的尸体。

为纪念秦晋崤之战，至今仍称此山谷为"交战沟"。

因为先轸的命令，结果是秦军全军覆灭，唯独主将孟明视、副将西乞术和白乙丙三人被生擒到晋国。

孟明视崤山兵败的消息传回了秦国。败了，败了，而且是全军覆灭，秦穆公全身颤抖着，责怪自己当初不听蹇叔和百里奚的劝告，事已至此，都是自己的罪过。

痛心的秦穆公后悔不已，向蹇叔和百里奚表达了自己的歉意，然后叫人做了上百套丧服，给自己和百官们穿上。他要祭拜死在崤山的所有将士，他要乞求他们的原谅。同时，他也发誓要为死去的将士们报仇，他希望有朝一日手刃晋兵来慰藉秦兵的在天之灵。

孟明视回家了

孟明视这三位秦将被收押在晋国的牢狱里，连他们也不知道自己的命运将会何去何从。先轸对孟明视这三人好像很仇视，一直令守牢士兵们好好看紧他们，绝对不能让他们有机会逃回秦国。

虽然秦晋之间的关系已经决裂，但是以前留下的"秦晋之好"还存在着影响。

当年秦穆公将自己的女儿文嬴嫁给了晋文公，文嬴是晋文公的正妻，即使晋襄公不是她所生，却也必须敬她几分。当时，文嬴一听到秦国败于晋国，也是惊吓之余带些悲伤。自己虽然身在晋国，毕竟娘家是秦国，所以，文嬴希望能为秦国做点什么。

这时，文嬴听到了孟明视三位秦将被晋国关押在牢狱里的消息，她忽然想起当年晋惠公之所以能被放回，是因为他的姐姐是穆公的妻子，穆公看在妻子的面子上才放回了晋惠公。这段历史给了她一个参考，既然穆公能看在妻子的面子上放回晋惠公，那晋襄公又怎么能拒绝自己这个母后的请求，而一味地拘留孟明视他们呢？

文嬴见到晋襄公后，对他说，孟明视这几个人为了争功劳，竟然搞得秦、晋失和，秦穆公对他们一定怀恨在心，这样的话，倒不如放他们回去，自然有穆公来惩罚，又何必让晋襄公亲自动手。

文嬴在话中没有直接表示希望晋襄公放了孟明视三人，这是因为她要避嫌，她不希望自己在晋国落下把柄。因此，她用这种暗示的语言来命令晋襄公，她知道晋襄公听得懂。

晋襄公怎么能不懂文嬴的意思。文嬴是自己的嫡母，他怎么好忤逆她的意思？再说，晋襄公也不觉得把孟明视这三个人留在这里有什么意义。

就这样，孟明视三人被释放了。这三个人被放出晋牢后，生怕夜长梦多，急忙连夜准备逃回秦国。

当孟明视三人被释放的消息传到了先轸耳朵里时，他急忙跑到晋襄公身边，大声地斥责道："武夫力而拘诸原，妇人暂而免诸国。堕军实而长寇仇，亡无日矣。"（《左传》）意思是，费了士兵们多大力气才抓回的武将，却因为一个老妇人的话就被释放了，这真是灭自己威风而长他人气势，看来晋国离亡国不远了！

深感犯了错的晋襄公，在向先轸道歉后立即派出阳处父快马加鞭地前往追捕孟明视等三人。待阳处父追赶到黄河边上时，他看到了孟明视三人已经乘着秦国准备好的船缓缓而归了。这时，阳处父忽然心生一计。他解下马车右边的马，大声地对着黄河上的船喊着，说这马是晋襄公送给孟明视的，希望他能折回来领走。

阳处父自作聪明，孟明视又岂是傻子？面对阳处父的呼唤，孟明视作了一个揖，对阳处父回复道："君之惠，不以累臣衅鼓，使归就戮于秦，寡君之以为戮，死且不朽。若从君惠而免之，三年将拜君赐。"（《左传》）意思是，感谢晋襄公将自己放回去送给秦穆公自行裁夺，如若秦穆公像晋襄公一样宽宏大量，饶三人不死，那么三年后，三人定将回来报答晋国的恩典。

小船带着秦人的期盼缓缓地驶过黄河，孟明视三人看着熟悉的国土渐渐地出现在自己眼里，兴奋之余也带着几分愧疚。

孟明视三人走到了城门口时，他们看到了一整排穿着丧服的人在迎接他们。其中有一个人正向他们跑来，待这个人一跑近，孟明视才看出来是秦穆公。孟明视三人望着年迈的穆公，一股热泪顿时涌上眼眶，他们二话不说便跪在了穆公脚前，希望穆公原谅自己的过错。

穆公望着跪在面前的三人，早已是老泪纵横。他扶起孟明视三人，懊恼地对他们说："孤违蹇叔以辱二三子，孤之罪也。"（《左传》）意思是，我不听从蹇叔的意见，使你们蒙受耻辱，这是我的过错啊！

秦穆公将这次过错都揽到了自己身上，他认为是自己不听蹇叔所言，才使得孟明视三人有此大败。穆公此举，令人感动。

我来"还恩"了

公元前627年，有个好消息传到秦国：先轸死了！原来在这两年间，先轸一直为那次当面斥责主君晋襄公而感到悔恨。因此，为解除自己心中的不安，先轸在一次和狄人的战斗中，脱掉了头盔直入敌军，最终战死。

先轸的死让孟明视松了一口气，他知道自己苦苦等待的机会终于来了，这一年，他要让晋国重新认识他孟明视。

孟明视做好出军的准备，然后向秦穆公请战，意在报崤山之仇。穆公见士兵们情绪高涨，孟明视也更有担当，便表示出对这次东征很大的支持，希望孟明视能不负他的期望。孟明视感谢穆公可以再给自己一次机会，在对穆公作出保证过后，他便领兵出发了。

孟明视领兵来到了秦国西部的彭衙（今陕西白水东北），在这里遇上了晋襄公亲率的晋军，两军便在此对峙，准备开始一场阔别两年的重逢战争。

这是继崤之战之后的秦晋第二次争霸之战，史称彭衙之战。彭衙之战作为崤之战的延续，最后仍以秦军的失利收尾。虽然孟明视在这次战争中又失败了，但是，在这次战争中，孟明视没有犯任何低级错误，明显比在崤之战中表现得好了很多。虽然如此，孟明视还是不能原谅自己的又一次失败，此时的他真是惭愧得无地自容，不再指望秦穆公能免除他的罪，甚至将自己关上了囚车，让士兵拉着他回到秦国，让穆公定罪。

可是，穆公再次原谅了他。穆公勉励了孟明视一番，仍将军队交给他统领，并希望他与其一味地感到愧疚，倒不如好好找找自己身上的问题，再接再厉，从而实现自己的报仇心愿。

面对秦穆公对自己的信任和支持，孟明视再次将惭愧化为动力。孟明视开始在自己身上寻找问题，他明白自己在军事指挥上仍有所欠缺，训练军队和作战方式也并不完美。为改正这些缺点，他在熟读兵法的同时，开始像他父亲一样，深入士兵之间，了解并关心他们的生活。他这种与士兵有福同享、有难同当的精神感染了整个军队，比起训练更加成功地凝聚了士兵们的心。他们也因此越来越喜欢这个将军，并希望能和他一起出生入死，缔造辉煌。

就在孟明视训练士兵的时候，晋国却一直出兵骚扰秦国。当时出兵秦军的任务落在了先轸的儿子先且居身上。先且居统军后，便立即联合了宋、陈、郑三国一起出兵秦国。

面对先且居的挑衅，孟明视深知秦军还没做好应对的准备，因此坚决不出兵。不管先且居再怎么诱惑，再怎么挑衅，孟明视都毫无冲动之意。最后，在先且居的领导下，晋军顺利攻下了秦国的两座城池汪（今陕西澄城西）和彭衙。对此，晋军纷纷嘲笑：原来这就是孟明视要来还的恩典。

对于孟明视"忍"掉了两座城池，秦国的一些大臣纷纷向秦穆公指责称这个孟明视就是个胆小鬼，为什么要让他领兵？但是，秦穆公力排众议，向大家表示了自己对于孟明视的信任，他相信孟明视终有一天会成功地打败晋军。

秦穆公三十六年（公元前 624 年）的夏天，在低调了一年之后，孟明视终于再次来到了秦穆公的面前。这次，他希望秦穆公能亲自挂帅统军，并发誓这次如若再不打败晋军将不回秦国。秦穆公被孟明视的坚定感染了，于是他命令给出征的军队五百辆兵车、装备精良的兵器和充足的粮食，又拨给出征兵士家属粮食和钱财，以解士兵的后顾之忧。

准备好一切后，秦穆公和孟明视亲率大军，浩浩荡荡地直逼晋国而去。

在孟明视的坚决精神的感染下，士兵们一拥而上，将渡河的船只用火全部烧尽。烟雾弥漫了整条黄河，这是在祭奠三年前死去的士兵们，也是在告诉晋人：你们的土地将如这黄河，消失在黑暗的烟雾之中。

秦穆公为主帅，孟明视做先锋。秦军奋力拼搏，直冲入晋军之中。面对这种天兵般的英勇，晋军纷纷败下阵来。就这样，秦军在孟明视的带领下，一路势如破竹，不仅收回了被先且居抢走的两个城池，更是反客为主，将晋国的城池王官（今山西闻喜南）、郊邑（今山西闻喜西）收入囊中。

晋军见秦军来势汹汹，只得坚守不出。孟明视难以再进，便南下自茅津（又名陕津、大阳津，今山西平陆西南黄河渡口）南渡黄河，进抵崤山。来到崤山后，秦军想到了三年前战死在这里的兄弟，无不感到哀伤和愤怒。孟明视令士兵们掩埋掉死在崤山的秦兵尸骨，并在此立起标志，祭奠三年前的失败，纪念今年的胜利。

秦军在王官之战中的胜利，使得晋国的霸主地位开始产生了动摇，而秦军也因这次大胜而收降了许多部族和小国，秦国的威望在西方诸戎和东方众诸侯中都有了一个大的提升。

康公不如意

秦穆公三十九年（公元前 621 年），一代霸主秦穆公去世了。嬴罃在父亲秦穆公去世之后便接替了他的位置，成了秦国国君，是为秦康公。

这个秦康公的心里，藏着一个文人的影子。或许因为这种差别，才决定了秦国历史的走向：从秦穆公的积极突破、创立辉煌，转到了秦康公的宁静守成。当然，即便再宁静，也会有小起伏。

秦康公继位不久，正在雍城王宫里计划着秦国的未来。忽然，从晋国来了两个使者，一个叫先蔑，一个叫士会。他们来到秦康公面前，向康公说出了这次拜访秦国的目的：请秦康公送当时正在秦国担任亚卿的晋文公之子、晋襄公的兄弟公子雍回国继位。

原来，晋襄公在秦穆公去世不久后也离世了。晋襄公去世，晋国当然也要寻继位之主。可是为什么不找晋襄公的儿子呢？当时晋襄公的儿子夷皋还年幼，而连年和秦国、狄人征战的晋国，国内已经陷入不安定的困境，让一个年纪尚小的孩子来掌管这个局面，怕是难以应付。因此，在晋国大臣的商讨下，他们便决定迎回时在秦国的公子雍。

当然，晋国的公子还有很多，为什么偏偏要找回公子雍？这里面当然有公子雍为人优秀的因素，其实，更重要的，正如晋国大臣赵盾所言，公子雍在秦国久住，和秦的关系较好，若公子雍继位，秦晋或许能回到以往的友好状态。

对于晋国的这个请求，秦康公没有拒绝的理由。再说，自己让公子雍回去当晋君，这就好像当年秦穆公护送重耳回国一样，如此得意之事，哪有不为的道理？因此，秦康公慷慨地答应了晋国使者的请求，并亲自领兵送公子雍返回晋国。

就在秦康公高兴地护送着公子雍回国的时候，从晋国那里忽然又传来了一个事变：晋国决定改立襄公之子夷皋为晋君。这个突如其来的事变令秦康公感到莫名其妙，这不是晋国在耍自己吗？原来，事情的变化起因于夷皋的母亲穆嬴。

这个穆嬴用尽心计只为巩固自己的位置，既然要巩固自己的位置，最好的办法便是让自己的儿子当上国君。因此，就在士会两人前往秦国请求秦康公护送公子雍回国的时候，穆嬴便在为如何让自己的儿子当上晋君而绞尽脑汁。

穆嬴并无什么大计，她每天都抱着太子来到大臣们议事的朝堂，然后令夷皋放声大哭，自己也随着夷皋的哭泣，一边啜泣一边抱怨大臣们为何要放弃太子另立他人。穆嬴知道当时臣子中说话最有分量的是赵盾，因此她特意抱着夷皋来到赵盾的府里，向赵盾叩头乞求。这把赵盾吓坏了，这穆嬴是什么人？她来给自己叩头，自己不折寿也得叫人骂死。因此，赵盾最后实在承受不了穆嬴的无理取闹，只好顺从了她。

这个赵盾是赵衰的儿子，赵衰历经两代，是文公、襄公时的大臣，因此赵氏累积下来的威望，使得赵盾可以成为襄公之后的朝中一把手。再加上赵盾此人能力出众，又具权谋，因此襄公之后的晋国政权，便形成了由赵盾一人掌控的局面。既然赵盾在大臣中如此有威势，那么他说一，众臣也就不再说二。最后，当他决定改立夷皋为晋公时，众臣便将就地同意了。

就这样，穆嬴的儿子夷皋顺利坐上了晋公的位子，是为晋灵公。

这时候，晋臣中就有人不高兴了，这人便是先蔑。先蔑作为晋国使臣，前往秦国和秦康公做出了迎立公子雍的约定，谁料自己刚回国，晋国却又做出了这个"新决定"，而自己作为晋国代表出使秦国，晋国这样失信于人，不就意味着自己失信于人吗？心有不平的先蔑立即找到赵盾，想要和他理论。

但是先蔑的理论非但不能让赵盾后悔，相反，他反而提醒了赵盾一点，那便是晋国此时已经失信于秦国了，也就是说，秦晋之间的裂缝又大了一些。这样，与其等秦国因恨来犯，倒不如自己先出兵制之。因此，赵盾不顾先蔑的感受，立即派出军队前往阻击秦国。

晋军悄悄而行，不久便在令狐地区（今山西临猗附近）望见了远远行来的秦军。晋军毫无声息地袭击了秦军，秦军在毫无防备之下大败。当时先蔑和士会两个人随军参战，其实他们就是对出尔反尔的赵盾心有不满，因此特意找个机会投奔了秦国。

秦康公本就为晋国的失信而心有不满，此时又忽然传来了晋国出兵攻击护送公子雍军队的消息。秦康公怒从中来，这让他的自尊彻底受损，自己一上位就被晋国摆了一道，叫他以后的威严往哪儿摆？从此以后，历史宣告了秦晋之间的和好已经成为不可能的事。

令狐之败后，秦康公一直惦记着这个耻辱，时刻想着有机会报这个仇。因此，一年后（公元前619年），秦康公在坐稳了秦君的位置后，立即出兵晋国。这次复仇之战，秦康公顺利攻占了晋国的武城（今陕西渭南华州区东北）。晋灵公也不示弱，在两年后（公元前617年）对秦国进行报复，夺取了秦国的少梁。秦康公随即作出反应，一举攻下了晋邑北征。

这种小打小闹的战斗积累多次后，便也足以成为发动大战争的理由。在秦康公发展了秦国两年后，他决定要亲率大军出征晋国，让晋国尝一尝苦头，也让世人知道他秦康公并不是一个只能上别人当的傻瓜。

秦康公的挑战书送到了晋国。晋灵公年幼，当时的晋国政权也就顺理成章地掌握在赵盾手里。赵盾看到秦康公的挑战书，并没有太大的惊讶。毕竟，秦晋之间的战争又不是什么新鲜事，而关于这场战争，晋国也不是必定会败。因此，赵盾嗤笑一声，你秦国一步都越不过我们晋国，还敢来下挑战书，还是回去西北打打你的戎人吧。在这种自负之下，胸有成竹的赵盾便因此接下了秦国的战书。

当然，赵盾的自负是有理由的，毕竟秦晋之间确实不相上下，因此赵盾对于秦军的侵犯，根本毫无理由会去恐惧。但是，在即将发生的这场战争中，既然秦康公如此有信心，就意味着他掌握了攻必胜的法宝。而赵盾也因为忽略了这一点，差一点使得此战成为晋国永恒的耻辱。这个法宝，就是当初因不满赵盾而逃到秦国的人——士会。

此仇不报非康公

秦康公继位还不满一年，就让晋国的赵盾开了一个大大的玩笑。对此深深挂怀的康公在五年后开始实行他规划已久的对晋大战。这次秦晋争霸的又一次大战发生在河曲（今山西芮城西风陵渡黄河转弯地区）之地，史称河曲之战。

河曲之战一开始便由秦军掌控了主动权。在秦康公的亲自督军之下，将士们无不奋发拼搏、勇往直前。在战事初期，士气高涨的秦军进展顺利，一举攻下了晋国的羁马（今山西永济南）。突破晋国的边防后，秦军继续往前，不久便推进到了河曲。

秦军在河曲遇到了赵盾率领的晋军，难以继续突破，两军便在河曲对峙。

赵盾是一个谨慎的人，面对秦军，他虽无对战败的畏惧，却也必须小心行事。因此，他唤来了谋臣臾骈，请他说说自己的想法。

这个臾骈是晋国的军事能人，他分析了双方情况后，便得出了一个战略——鉴于秦军远来，臾骈希望赵盾坚守不出，挫败秦军的锐气。赵盾采取了谋臣臾骈的计策，决定和秦军打持久战。因此，赵盾令人高筑营垒，坚守不出，待秦军军心散乱时再做进攻之计。

赵盾的深沟高垒彻底挡住了秦康公的进攻，令康公头疼不已。这种情况对于主动挑起战争的秦国自然是不利的，因此康公召来了归降的晋国大臣士会，向士会询问如何才能打破这个僵局。士会认为晋军的部属必是晋臣臾骈的计策，如果能除掉这个人，那么两军对峙的僵局将不难攻破。

但是要如何除掉臾骈呢？秦康公继续询问士会。

士会说臾骈是除不掉的，但是，他向秦康公说出了另一个人的名字——赵穿。赵穿是赵盾的堂弟，又是晋襄公的女婿，其人养尊处优，对军事一无所知，却又好勇狂妄。他对于臾骈担任上军辅佐赵盾一事深有不满。因此，士会认为，如果能利用他们两人之间的矛盾，或许有办法激出晋军。

秦康公听到这里，急忙让士会想个办法。士会脑筋一转，一个点子便出现了。士会让秦康公下令，令轻兵疾进挑战赵穿，如此，定能将赵穿激出。康公听从了士会的计策，便命士兵照令而为。

秦军在赵穿营外不断发出挑战的声响，喊得赵穿心痒难耐。本来，养尊处优的赵穿性子就急，哪能容人如此挑战？再者，赵穿对于臾骈的不满也令他有了不愿服从臾骈命令的想法，毕竟，他认为自己身为驸马，还怕他臾骈吗？因此，秦军没费太多心力，便将赵穿给激了出来。

秦军见赵穿率领部队而出，便按照秦康公的命令立即退回。赵穿不谙军事，又性子冲动，二话不说立即下令追杀秦军。有人将赵穿追击秦军的消息报告给了赵盾，赵盾听后吓了一跳。赵盾明白赵穿此去凶多吉少，若赵穿被秦军俘虏，那就会大大挫败晋国的威势。何况赵穿作为晋襄公的女婿，到时上面怪罪下来，自己又怎么能担当得起？因此，赵盾为保全赵穿，不顾臾骈的劝阻，立即下令晋军主力出击。

赵盾打破了本来的坚守之计，这点正好着了秦康公的道儿。秦康公见晋军主力全出，心里暗自偷笑，立即下令秦军主力迎战前来追击的晋军。两军一相遇，战车相错，戈戟相交，天地顿时昏暗了下来，似乎一场决定生死的大决斗已经来到了眼前。

秦晋两军刚一交锋，便在各自主将的命令下往后撤退了。看来，本来极有可能发生的一场大决斗在秦康公和赵盾的谨慎性子下失去了它出场的机会。在这两位谨慎主将的带领下，秦晋之间想要打出一场出彩的战争，也是怪难的。

秦康公刚和晋军照面，便产生了退却的念头。秦康公想要退回，却又害怕晋军趁机前来追击，因此他在谋臣的帮助下，想出了一个办法。

秦康公为成功撤退，故意写了一封战书给赵盾。战书中说希望明天再来一场大决战。这封战书的目的在于掩人耳目，秦康公企图以这封战书骗过晋军，然后自己悄悄地撤退。但是，道高一尺，魔高一丈，秦人中有人能想到这个办法，晋人中自然也就有人能想到另一个克制它的办法。

这个人又是臾骈。臾骈看过这封战书，便认定了这是秦康公的计策。他认为言语放肆的康公其实心里已经慌了，因此他提议赵盾应该立即派兵攻击。赵盾很听臾骈的话，立即着手开始做攻击的准备，但是，赵穿此时又出来搞破坏了。

这个赵穿处处要和臾骈作对，当他得知臾骈向赵盾讲出这个计策时，立即拉来自己的亲兵挡在了大营门口。赵盾问他这是要干什么，他大声地宣称这是在拦阻晋军出击。因为赵穿有他自己的理由，他认为不先收殓战死的晋兵就再上战场，这样做很不人道，又认为和人约定好时间，却从背后偷偷捅人一刀，这不是君子的作为。因此，有他赵穿在，他就不允许晋军做出这等不仁不义的事来。

赵盾见赵穿这样无理取闹，却也无可奈何。赵穿就挡在大营门口，难道自己要从他的尸体上踩过去？这当然是赵盾想都不敢想的事。最后，臾骈的计划又在赵穿的胡闹下破灭了。

过了不久，前往侦查的士兵回来报告：秦军已经退兵了。赵盾和臾骈一听，深感遗憾，但事已至此，他们也只好退兵了。

不久，秦军再次侵伐晋国，成功进入了晋地瑕邑（今山西芮城南）。秦军撤退后，晋国立刻在次年春天把詹嘉封在了瑕邑，其目的在于扼守秦军东出的要地桃林之塞（今河南灵宝附近，西接陕西潼关）。这样，秦国若想再从今陕西、河南、山西三省交界地区东进就非常困难了。

河曲之战令我们感到纳闷，它在秦康公声势浩大的挑战声浪下，却在两军刚一照面便立即结束，这就好像打了一天响雷，结果只憋出了一阵短暂的小雨，实在是无聊却又有趣。其实，这场战争对于秦康公来说还是较为有利的，毕竟有一个如此熟悉晋国的参谋士会在手，但局面如此，秦康公却还是表现得小心翼翼。如此看来，秦康公在此战表现出的谨慎其实已经有了优柔寡断、信心不足的嫌疑，正因为如此，康公那缺乏霸者气魄的性格显露无遗。看来，秦国想要称霸，在康公这位文人性格占大部分的君王这里，是难以实现了。

当然，此战虽无胜负，但它却着实让赵盾吓了一跳。比如激战赵穿从而突破晋军坚守策略一事，就让赵盾觉得秦国必有能人。而赵盾在战争中收到的情报也彻底证实了他的猜想，原来，秦国真的有能人。而令赵盾担心的是，这个能人竟然是以前为晋国效命的士会！

秦康公不可怕，可怕的是秦康公旁边的士会。士会在晋国多年，比晋国现在的许多臣子都更了解晋国的情况，这样的人如果让他留在秦国无疑是个大患。因此，对于这个问题，晋国六卿特意展开了一次讨论会议。会议得出了一个结论——必须让士会回到晋国。

后来，在晋国的周密计划和士会本人对秦康公的失望的双重作用下，士会最终回到晋国。

士会走了之后，因为秦康公的消极谨慎，秦晋之间的战争基本宣告暂时停止，而康公却也因此被晋国远远地堵在西北，没有往东前进的机会，也缺乏往东前进的决心。秦康公虽然在开阔疆土上不及穆公，但作为一个守成的君主，倒也不失其所。

晋楚是死对头

秦康公十二年（公元前 609 年），康公去世。

康公死后，秦共公继承了父亲的位子。共公名稻（一说名猥）。秦共公在位仅短短六年，没有什么出彩之处，唯一见载于史的便是，秦国在这时候和晋国重燃战火，而这战火的挑起却是因为晋国赵穿的弄巧成拙。

要说这时的秦晋关系，还得先从楚国说起。

自从楚成王死后，楚国的继任者楚穆王，在稳定国内因成王之死而陷入的动荡政局后，大力往外发展，相继灭了多个小国，进一步控制了淮南、江北（今安徽中、西部）地域。楚国的国力在楚穆王时期成功改变了城濮之战后造成的劣势。

当年秦穆公和楚成王因利益相同站在了同一战线，而齐国则从桓公死后便一蹶不振。这样的政治格局对于楚国的北上是很有利的，因此，楚穆王自然将眼光再次放在了晋国身上。楚穆王的对晋策略直接导致了两个对晋国不利的后果，其一是楚国的侵犯，其二便是来自后方秦国的骚扰。这种情况下，晋国明显感到了这个来自南方的压力。

为解决楚国的问题，晋国召开了一次紧急会议。会议由赵盾主持，商讨如何应对当今晋国所处的不利局面。在这次会议里，晋国众大臣纷纷献言，但是最后赵盾采纳的只有一个人的建议，这个人就是赵穿。赵穿认为晋国的当务之急是和秦国结盟。这是一个有战略眼光的做法，秦晋如果再结连理，楚国也难以嚣张。但是，让人不敢恭维的是，赵穿空有一个好的目标，却为这个目标提供了一个下等的办法——攻打崇国。

崇国（今陕西西安鄠邑区一带）是春秋时期的一个小国，依附于秦国，是秦国的盟友。赵穿的这个战术有这样的用意：出兵崇国，作为它的盟国秦国必然出手相援，到时晋国可以以崇国为要挟，逼秦国与自己结盟。

赵穿提出的这个办法再次将他的公子哥儿性格暴露无遗。在他看来，秦国理所当然地会因为崇国而受制于自己。这里暗藏了另一个消息，即在赵穿眼里，秦国根本比不上晋国。这种大国心态将赵穿的嘴脸揭露得淋漓尽致。

奇怪的是，这样一个馊主意竟然在赵盾那里通过了。看来，赵盾对于自己这个堂弟，实在是恭敬得过分了。不管赵盾当时是晕了头，还是正在为自己未来在晋国的地位盘算，总之，在这个建议提出不久，赵穿就在赵盾的支持下，率军直逼崇国了。

这时是秦共公继位第一年（公元前 608 年）的冬天，寒风刚刮过大西北，晋军的西进便像一股巨大的旋风，呼啸着来到了崇国。

晋国进攻崇国，这自然犯了秦国的禁忌，如赵穿所预料的，秦共公立即出兵援救。可是，正当赵穿准备好同秦国和谈的时候，秦共公却立即领兵而归了。真是来也匆匆，去也匆匆，丝毫不给赵穿任何表现的机会。就这样，赵穿的计划泡汤一事再次显示了他的愚蠢——就连秦人都不愿和他坐下来聊聊天。

事情并没有到这里为止，赵穿虽然没有得到与秦国和谈的机会，倒是争取来了秦人的怨恨和不满。秦共公刚继位，晋国就欺负到他的头上，这当然让秦共公和他的拥戴者们感到愤怒。共公暗暗发誓：不报此仇，绝非好汉！

公元前 607 年春，秦共公率领军队攻打晋国，以复仇之名包围了晋国的焦邑（今河南陕州南）。为解焦邑之围，赵盾领兵来到了焦邑。秦军见晋军大军而至，没有坚持多久便退回了。

其实秦国不需要和晋国大动干戈，因为那时候的晋国已经是忙得不可开交。对外除秦国外，还和郑国有着战争。当时，郑国在楚国的支持下，逼得赵盾不得已而退兵。其实，在赵盾的退兵背后，还有着晋国自己的内部问题。

当晋灵公长大成人后，他和权臣的矛盾就必然激化。况且，这个晋灵公是个荒淫无道的君主，这便为赵穿弑君提供了借口。晋灵公被赵穿杀死后，由赵盾迎立当时在成周的公子黑臀，是为晋成公。晋成公继位，因赵盾迎立有功，因此仍然由其掌握大权。

从这里便可看出，在晋国当时，内忧外患的问题已经被当成一个严肃的问题来对待，而内部的政变又势必为楚国提供机遇。此时，楚国发生了一件轰动世人的事情。

楚穆王成功挽回城濮之战的劣势后便去世了，他的儿子楚庄王继位。楚庄王是个纨绔子弟，成日里玩乐，过着花天酒地的生活。在庄王继位的前三年，楚国好不容易收降的众多附庸国再次反叛。叛军联合起来直逼楚国国都，楚庄王却仍旧置身事外，毫无所动。

庄王的举动引起了楚国臣子们的慌张，这时，有一个叫伍举的人就站出来了。伍举进见庄王，对庄王讲了一只楚廷大鸟的故事，这只大鸟不飞也不叫，整整三年也不知道在等待什么。楚庄王虽然爱玩，却是个聪明之人，他一听伍举之话，便明白话中有话。他笑了笑，无所谓地回了伍举：这只大鸟不叫则已，一叫起来是要吓死人的。

伍举一听，以为庄王下定决心要改过自新了，暗暗欣慰。可是，伍举一出门，庄王还是继续着他的花花世界，丝毫不见悔过。这让另一个楚国大夫也看不下去了，这个人叫苏从。这天，他哭着来到了楚国宫廷。楚庄王一看，急忙问他在哭什么。苏从回答自己正为自己和楚国的命运而哭泣。庄王初听一怒，后情绪稳定下来，再思苏从所言，真有其理。想到这里，庄王忆起了当时伍举的劝谏，深感后悔。到了这个时候，楚庄王才真正准备去一鸣惊人。

这时候，徘徊在晋楚两国的郑国再次倚向了楚国，楚国的实力再次得到了它的证明。郑国的反复引起了晋国的不满，赵盾亲率大军进攻郑国，最后晋国在楚国和自己国内的压力下只得退兵。此时，晋国内部因为灵公和赵氏之间的矛盾而忙得不可开交，楚庄王趁着这个当儿，亲率大军北上，直抵周天子都城洛邑附近，在那里陈兵示威。

周定王哪禁得起楚国这样的惊吓，急忙派出大夫王孙满前往楚营慰劳楚庄王。楚庄王见周使前来，便向王孙满询问九鼎的大小和轻重。这个九鼎可是当年大禹所铸，象征着天下九州，是天子权力的标志。楚庄王问鼎，其目的其实是在询问周王室权力的轻重，毫无掩饰地向世人暴露了他夺取王权的野心。

王孙满一听，着实是被楚庄王的野心吓到了。但是王孙满也不是个简单人物，他不慌不忙地回答楚庄王："周德虽衰，天命未改，鼎之轻重，未可问也。"这话一出，倒让楚庄王对于现在的局势多了几分了解。确实，现在想要代周，楚国显然还未成气候。

楚庄王虽然最后从周土回国了，但是楚王问鼎的事件轰动了整个春秋时代，它作为一个标志，象征着楚国的实力已空前强盛。

楚国的强大令晋国担忧不已。这时候，晋国依旧夹在楚国和秦国之间，应付着这两个国家。不久后，楚国打败晋国，正式称霸。这为秦国提供了一个榜样，于是，和楚国一样，秦国也企图来个大胜晋国。可惜，秦国似乎还不成气候。

这一仗很悲催

秦桓公元年（公元前 603 年），秦国的君主之位从秦共公那里延续到了秦桓公这里。秦桓公继位的前几年无所作为，默默地在背后支持着楚庄王的霸业，也顺便看看死对头晋国该落到怎样的下场。秦桓公虽然没什么作为，但是他的好伙伴楚庄王却帮他实现了毕生所愿——大胜晋国。

邲之战后，晋国大败，结束了由赵盾辛辛苦苦经营起来的霸业。而楚庄王在此战后饮马黄河，顺利地以一代霸主的姿态站上了历史舞台的中心。

晋国遭此大败，却也不至于一蹶不振。在荀林父等大臣的主持下，晋国还在为夺回霸权而努力着。虽然自己的努力是可以控制的，但是事态的进展却不是由自己来决定的。沉默多年的齐国到了齐顷公那里，便有了摆脱晋景公控制的野心。齐顷公的试图崛起为楚庄王成功联齐抗晋提供了一个保证。这时候，晋国失去了往昔的精力，但为了国家兴旺，却不得不残喘地奋力争取。

让晋国忙的还不单单只有楚国和齐国，在晋国的西方，秦桓公也已经等了很久了。

秦桓公自知国力不行，只好看着晋楚争霸，观赏着两虎相斗。可是楚庄王哪能让他闲着。为扼制晋国，楚庄王联齐的同时和秦桓公暗中联络着。不久，秦桓公看着中原战火不断，心也痒起来了。秦桓公十一年（公元前593年），桓公开始了他见载于史的首次出兵晋国之战。

当时晋国霸业中衰，又有楚国的支持，秦桓公便毅然领兵东进，攻入晋国，进抵辅氏（今陕西大荔东）。晋景公正忙于北狄民族之事，忽然闻悉秦军入晋，急忙下令晋军回师西进，抗击来犯之敌。在晋景公的率领下，晋军进驻距离辅氏不远的洛（今陕西大荔东南）。

两军对峙，秦桓公先命大将杜回领兵出击。杜回是有名的大力士，生得一副铜人长相，更兼身长一丈有余，力能举千钧，惯使一柄重达一百二十斤的开山大斧。据说杜回曾经一日拳打五虎，剥皮抽筋凯旋。面对这样的猛士，晋国派出了大将魏颗。这魏颗倒没有杜回这么具有传奇色彩，也没有杜回长得如此奇异。对于魏颗的评论，就是明礼敦厚一类词语。看来，单比武力，杜回还是挺有胜算的。

可是战争从来都不仅仅靠蛮力。杜回能赢老虎，只怪老虎无智，遇上了魏颗，他还是得俯首称臣。两军对战不久后，便传出了魏颗生俘杜回的消息。秦将杜回一败，秦军也就失去了士气，秦桓公无奈只得宣告此战失败，令全军退回。

秦国走上了下坡路

秦桓公二十五年（公元前579年），秦桓公收到了晋厉公的来信，厉公在信中表示希望能和秦桓公两人亲自在令狐（今山西临猗县西）相会，讨论一下两国的关系该如何走下去。秦桓公收到来信，答应了晋厉公的请求，和他约定好在今年冬天相会。

晋厉公得知秦桓公答应了，十分欣喜，想着这次应该能将秦国给拉拢回来，重新缔造以往的秦晋之好。想到这里，晋厉公迫不及待地等待着约定之日的到来。

日子到了，晋厉公激动不已，早早地便来到了约定之地等待秦桓公的来临。可是晋厉公等啊等，就是等不来使者的报信，结果秦桓公竟然派出了大夫史颗代表自己来会见晋厉公。

晋厉公十分生气，但是他倒不想让这次会见还没开始就结束，毕竟能谈出个结果，厉公也是会高兴的。但是，也不能把脸面放得太低，过河是可以的，但不能亲自去。厉公心里想着，外交得平等，秦国派出个大夫，晋国哪能派出个诸侯？因此，晋厉公便让郤犫作为晋国代表，渡过黄河来到王城会见秦桓公。

这次名为诸侯会见的盟约，却因为秦桓公的任性而失败了，最后只在两位大夫的主持下完成。当时晋国的范文子听说事情发展到这一步，便在心里琢磨着：秦桓公毫无诚信可言，这次会盟必定没有任何意义。

果然，如同范文子所预料的。这次会盟后不久，当秦桓公一回到秦都，立即就宣告背弃这个盟约。不仅如此，秦桓公还勾通了晋国的又一个老对手狄人，和狄人商量着如何联合进攻晋国。

秦桓公此举可谓不信不智。

不信是显而易见的。既然和人家约定了，为何最后又背约？至于不智，不信便是不智的一个表现。另外，秦桓公竟然还以为拉拢狄人共击晋国可以成功，他也不想想，自己和晋国的对战无一胜出，而狄人又是经常挨晋人的打，两个凑到一起，又能成什么大事？

如果说，秦桓公此举不过想给晋国以往坑骗秦国报一箭之仇，那么他选择的时机也是错误的。国君背盟是直接扇对方国君的巴掌，这不敬程度是很高的。看来，秦桓公势必要为他的错误付出代价。

秦桓公背盟的消息传到了晋国，晋厉公大怒，决定好好教训一下这个说话不算话的西北诸侯。于是，秦桓公二十七年（公元前577年），晋厉公联合鲁成公，还顺带搬来周天子的重臣刘康公、成肃公，一起商量攻打秦国。

晋厉公出兵秦国的第一招是从政治上，他派出了大臣魏相（又称吕相）前去秦国面见秦桓公。

秦桓公十分不解，都要开打了，还派什么使者？原来，厉公派出魏相来秦国是为了宣告秦晋之间的关系彻底决裂。

这个魏相一来到秦国，一见秦桓公便滔滔不绝地进行着他准备已久的演讲。魏相义正词严、大义凛然地念完了这一篇演讲，讲得秦桓公毫无反驳之力，只得目瞪口呆地看着这个口若悬河的晋使。

魏相的这篇演讲便是出名的《绝秦书》。《绝秦书》细数了秦国国君的种种不是，将秦国的历代国君们批得体无完肤。晋国在这书信中是睁着眼睛说瞎话，将晋国的不是全推到秦国身上，其目的浓缩成两个字便是——绝交！

秦桓公领教完这魏相的口才，心里纳闷了，要绝交就直接说，干吗要走这奇奇怪怪的形式？但是，当秦桓公拿着《绝秦书》一看时，他才领悟了，原来在舆论上，自己已经输了晋厉公一大截。看来，文人倒也不是没用的，而魏相绝秦就为人们证明了一点：文化水平高点，既可以直中他人痛处又不失自己的优雅。

这书信只是个开头，随之而来的才是真枪实弹。秦桓公二十七年（公元前577年）五月，晋厉公亲统大军，会合齐灵公、宋共公、卫定公、郑成公、曹宣公各自率领的本国军队，再加上邾国和滕国的军队，组成了诸侯联军，大军直抵秦国的麻隧（今陕西泾阳北）。

麻隧属于秦国的腹地。此次八国联军直入秦国腹地，秦桓公急忙做好迎敌的准备。不管桓公做出什么样的准备，都注定改变不了这场战争的结果——秦军战败。想来也正常，一个晋国就够秦国受了，何况是多国联军。

这场麻隧之战算得上是春秋历史上规模较大的战争之一，据相关史料估计，当时联军兵力约十二万人，秦国兵力五六万人。当时秦国在麻隧败退后，还被晋军追击到侯丽（今陕西礼泉境内），侯丽距离秦都更近了，秦国自和晋国开战以来，这还是第一次让人欺负到如此地步。

麻隧之战的失败直接宣告了秦国的衰弱，秦桓公也因此成了秦国中衰的始作俑者。经此一败，秦国基本已无力和晋国正面抗衡，晋国也因此稍微对这个西方的敌人放下心来。而晋国也因为这次战争而顺利完成了秦、狄、齐三强服晋的部署，这时，中原霸主实属晋国。

当然，晋国的强大势必引起楚国的不服，不久，两国将再起大战。

至于秦桓公，经此一败后，基本没有精力去管理这个他撑不起的国家了。麻隧之战后的次年（公元前576年），秦桓公便去世了。

烽烟再起

秦国在走下坡路，而中原大地仍旧战火连绵。

这段时间掌握秦国政权的是秦景公。秦景公接手秦国的时候，秦国已经元气大伤。这样的秦国是不能有太多争霸的念头的，它能做的就是休养生息。

因此，在秦景公继位的头十三个年头内，秦国没有发生任何大的动静。此时的秦国又回到秦文公时代那个谨慎的国度，不同的是，秦文公那时是在发展，而秦景公此时是在恢复。

秦景公是幸运的，因为当时的时代背景提供给了他可以专注于恢复的条件。那时候，晋国正和楚国为了霸业而闹得不可开交，对于秦国，他们都只想拉拢，而不愿再动干戈，为自己多树一个敌人。秦景公对于此自然也是高兴的，他现在的任务就是一边慢慢恢复国力，一边看着晋楚之间的动态。

晋楚两国自开战后就矛盾重重，虽然在晋厉公二年（公元前 579 年），两国在宋国的出面斡旋下，曾在宋国的西门外结盟休战。但是，利益作为根本诱因，使得这种休战协定注定了其难以兑现的事实。短短三年后，楚国便表现出它的不讲信义，主动撕毁了这个盟约，两国因此又陷入胶着状态。

秦景公二年（公元前 575 年），郑国又一次颠倒了它的政治立场，由晋国那边倚向了楚国后，晋楚之间的矛盾进入了白热化的阶段，一场决战已经难以避免。

晋楚鄢陵之战作为春秋时代的最后一场大战，标志着楚国对于中原的争夺已经走向颓势，而晋国却因为此战令楚国退军而再次确立了自己的中原霸主地位。但是，晋国内部的卿大夫权力相争的局面依旧复杂，因此，政局动荡的晋国虽有霸主之名，却失去了霸主之实。

晋厉公因国内政变而死，继承他位子的是他的侄子，是为晋悼公。晋悼公继位后便大力整顿起厉公留下来的混乱朝政，罢黜佞臣，重用贤官，而后又着手解决百姓的生计问题，发展经济，从而安定了晋民之心。

晋国在一番整治之后，混乱的朝政得以稍见安定，国力也有所增强。在这种情况下，晋国想要复霸的希望便增大了不少。果然，在解决好国内问题后，晋悼公便着手开始了他的对外战争，而这次对外战争顺利地降伏了郑国和一部分戎人。郑国的再次归附无疑重新确立了晋国的霸主地位，晋国的复霸在晋悼公这里实现了。

晋国的再次强大非但令楚共王不服，还让当时在秦国安静地过着日子的秦景公不服。秦景公蛰伏了十几年后，觉得国力已经恢复到可以涉足中原的程度了，因此，当他看到晋悼公大会诸侯的时候，便不高兴了。

秦景公不高兴，当然就要采取对策来压压晋悼公这小子的气焰。秦景公明白和自己有相同心理的还有一个楚共王，因此，秦景公便再次和楚国合作。为了巩固两国间的合作关系，秦景公还将自己的妹妹嫁到了楚国，成了楚共王的夫人。

这个政治联姻还是有点用处的，当秦景公准备开始他的伐晋事业而请求楚国相助时，虽然楚国有大臣劝楚王拒绝这个请求，但楚共王最后还是答应了秦景公。就这样，秦景公十三年（公元前564年），景公出兵伐晋，楚共王进驻武城，为秦军做后援。这场秦楚联军发动的战争声势之大，吓到了郑国，郑国因此归附了楚国。看来，晋国虽称霸，却始终不能达到一国独大的地步。

秦景公的首次出兵，秦国并没有大的收获，仅仅是作为再次和晋国对抗的声明，此战之后，秦晋之间又开始持续数年的战争。直到秦景公十五年（公元前562年）夏天，秦景公的伐晋事业才有所突破。

这年，依附于楚国的郑国再次侵宋，晋国领着齐、卫等国出兵伐郑以救宋国，首鼠两端的郑国即刻又向晋国求和。楚国得知郑国屈服于晋国后，一怒之下也准备出兵伐郑。和当年秦景公找自己帮忙一样，楚共王此次也派出使者到秦国请求支援来壮自己的声威。

秦景公豪爽地同意了妹夫的请求，命令右大夫詹率师随楚共王伐郑。楚军一到，还未交兵，郑国的郑简公便立即开门迎接，跟着楚军一起伐宋。晋悼公得知消息，立即派出大军救援宋国。此时秦景公在秦国得知晋悼公出兵救援宋国的消息，看准这个时机，派出庶长鲍和庶长武率军伐晋。庶长鲍率领一支军队先渡过黄河，晋国的留守将领士鲂一看，认为秦军人少不足为患，因此戒备不严。晋国的大意直接导致了失败，当庶长武带领部队渡过黄河和庶长鲍会师时，晋国再临时部署已经来不及了。这一年，秦军在栎地击败了晋军，这是秦景公对晋的第一次胜利，意味着秦国在秦景公的精心治理下，实力已经有所恢复。

晋悼公对于栎之败一直耿耿于怀，不久，他便找到了一个报仇的机会。

这是发生在秦景公十八年（公元前559年）的事。在这之前一年楚共公去世，趁着楚君新逝之机，晋悼公率领了中原诸侯国共十三国联合出兵伐秦。但是，当这些诸侯再次来到了秦国泾水时，却失去了当年勇渡泾水的豪气。这是因为秦国较之以前强大了，还是诸侯联军较之以前心虚了？

犹豫了一段时间，在鲁国的带头下，诸侯们才一个个小心地渡过泾水去。不料心狠手辣的秦景公早在泾水上游投毒。毒水顺着泾水流下，不知情的联军士兵一喝下这水便立即见阎王去了。就这样，当渡过泾水后，联军的士兵已经少了一大半。

联军经此挫折，进到秦国腹地后又不见秦景公出门迎战，战线被秦景公越拉越长的联军渐渐失去了进军的热情，最后联军统帅荀偃不得已只得下令退兵。结果，这次声势浩大的十三国联军最终落得个无功而返的结果。后来，晋人为自嘲这次如此窝囊的进军，将这次行动称为"迁延之役"。

"迁延之役"中秦国的成功全赖于秦景公的坚忍。秦景公知道自己无力对抗十三国联军，因此采取了拖敌战术，将敌军的进攻战线拉长，消磨敌军的士气。

关于"迁延之役"，还有一个后续。当时十三国联军全退，秦军趁机进击。晋国大臣栾针认为此次是来报栎之败的仇，如果无功而返便会成为晋国的耻辱。因此，栾针和士鞅带领着自己的部下折回杀入秦军之中。栾针和士鞅势单力薄，很快便败在秦军手下，栾针阵亡，士鞅逃回。

士鞅逃回后，栾针的哥哥栾黡就不高兴了。栾黡说是士鞅唆使他弟弟杀回秦军，才会导致栾针的战亡。士鞅迫于栾黡的压力，最后只能出逃晋国，投降秦国。

秦景公接见了士鞅，向士鞅询问了一些晋国的情况。一番对谈之后，秦景公觉得士鞅颇有知人之明。最后，为了让士鞅可以安全回国，怜才的秦景公特意派人去见晋悼公，为士鞅求情。

迁延之役后的几十年间，秦晋之间没有发生大的战事。这之后，春秋时代即将迎来它的一个难得的和平时代。当这个和平时代过后，另一段历史——战国时代也即将到来。

秦景公四十年（公元前 537 年），秦景公去世，秦哀公嬴稷继位。

秦廷上的哭声

秦哀公三十一年（公元前 506 年）冬天，哀公处理完政事，正准备午间小憩。忽然，宫外一声凄厉的呐喊震破了秦宫的宁静，这着实让哀公吓了一跳。这一声呐喊过后是一段惊天动地的哭声，哭声凄绝无比，叫人心寒。

心绪不宁的秦哀公立即命人去探询。过了一会儿，派出去的人回报，原来是楚国的大夫申包胥正在外面为楚国而哭。秦哀公一听，有些不悦。楚国关他哀公什么事，你一个申包胥还打算将楚国的霉运带到秦国吗？哀公是这样想的，但是当时秦楚还有盟约，因此哀公也不好意思赶走申包胥。后来哀公想了想，你申包胥能哭几天，我不理你不就行了？

这是什么情况？申包胥身为楚国大臣，竟然甘心低下脸面来秦国做这等哭闹之事？原来，此时的楚国正值灭国之际。

历史从来都不安静，在中原各国签订了停战协议后，东南这边时有不平的声音。这声音来自楚国和吴国，这两个国家之间的争夺，成了春秋后期的另一道风景。

吴国一开始只是东南的一个小国，到了吴王寿梦（公元前585—前561年）这一代，才开始和中原有所联络。吴国在寿梦那里实现了它的强大，而后便开始了联合晋国和楚国相争的历史。

到了秦哀公二十二年（公元前515年），吴王僚趁着楚平王驾崩之际出兵楚国，取得了一个小胜利。他高兴地班师回朝，举行了一场庆功宴。就在吴王僚出兵楚国的时候，国内有一个叫光的公子已经在暗暗地筹划他的政变行动。

在庆功宴上，一个叫专诸的刺客将匕首藏在鱼腹之中，待鱼上桌时，专诸趁机抽出鱼腹里的匕首，刺杀了吴王僚。吴王僚在懵然之中去世了，这一切的筹划者公子光顺利当上了吴国国君，是为吴王阖闾。

吴王阖闾是个有见识的君主，他当上吴王后，便开始四处网罗人才。这时候正好有一个从楚国逃亡的臣子来到了吴国，这个楚国亡臣就是伍子胥，他还向吴王阖闾推荐了一个军事能人——孙武。

伍子胥的父亲是楚国大臣伍奢，曾在楚国当过太子太傅。后楚平王因怀疑太子有异心，便迁怒于伍奢，将伍子胥的父、兄骗到郢都杀害了，伍子胥只身逃往吴国。伍子胥在逃亡路上几经挫折，这种悲惨的经历势必引发伍子胥的仇恨心理，他发誓要亲自杀了楚平王，以泄心头之恨。伍子胥就是带着这种仇恨心理来到吴国的，后因自己的才能受到了阖闾的重用，于是便在吴国开始了他实行报复的路程。

后来，吴军顺利攻破了郢都，楚昭王提前出逃。楚国的国都沦落成了吴国的一个城池，楚国上下哀恸一片。然而让楚人更加伤心和愤怒的还不仅于此，就在吴国攻破郢都后，伍子胥为报父兄之仇，还将楚平王的坟墓掘开，鞭打楚平王的尸体。

如此耻辱，正道的楚臣哪个能忍？于是，申包胥就出面了。

申包胥和伍子胥是故友，当年伍子胥出逃楚国后，曾对申包胥说："我必复（同"覆"字）楚国。"申包胥也不遑多让，回应伍子胥说："勉之！子能复之，我必能兴之。"（《左传》）对这个约定的坚持以及怀着一颗爱国之心，申包胥发誓务必要救回楚国。

当时能救楚国的只有秦国，于是，申包胥不辞辛苦，"跋涉谷行，上峭山，赴深溪，游川水，犯津关，蹠蒙笼，蹶沙石，蹠达膝曾茧重胝，七日七夜，至于秦廷"。（《吴越春秋》）

来到秦国见秦哀公后，申包胥向哀公请求出兵救楚，但哀公不应。秦哀公的态度令人费解，因为哀公的女儿曾被楚平王纳为夫人，而这位楚昭王就是秦哀公的亲外孙，对外孙不屑一顾，这实在称不上一个仁慈的外祖父。另外，楚国若灭，秦国便失去了联合对晋的坚实盟友，这难道对秦国有益吗？

但是，秦哀公还是拒绝出兵援救。也因为哀公的绝情，才有了一开始的申包胥哭秦廷之事。

起初，秦哀公不去理会申包胥多可怜，任凭他一个人痛心地哭。但是，当申包胥哭了七天七夜后，哀公终于被打动了。最后，心软了的秦哀公接见了申包胥，设宴招待了这位近于虚脱的爱国忠臣，还为此送给了他一首诗歌，诗曰：

岂曰无衣？与子同袍。王于兴师，修我戈矛。与子同仇！

岂曰无衣？与子同泽。王于兴师，修我矛戟。与子偕作！

岂曰无衣？与子同裳。王于兴师，修我甲兵。与子偕行！

这便是有名的诗篇《秦风·无衣》。《秦风·无衣》充分体现了秦人那雄壮的豪迈之心以及那钢铁般的坚强斗志。这诗后来在秦国广泛传唱，成了激励士兵、凝聚力量的文学工具。

这首诗歌体现了团结的精神，申包胥一听就知道秦哀公准备出兵援救楚国了。果然，不久后哀公便发兵车五百乘救楚，最终在楚军残部以及楚国百姓的共同作战下，数次打败吴军，直至将吴军逼出了楚地。

秦哀公大破吴军，顺利帮助楚国复国，做出了他见载于史的一件大事。除此之外，哀公的一生平平庸庸，再也没有出彩的记载。

吴越的纠葛

秦哀公三十六年（公元前501年），哀公去世。之后，连续由秦夷公（未正式继位）、秦惠公、秦悼公来执政。这三代君王执政期间，秦国基本无事可言，好像被历史抛弃一般。倒是秦国的邻居在秦惠公四年（公元前497年）发生了一场大变，这场大变将晋国本来的六大家族逐出了两家，最后只剩下智、赵、韩、魏四家，为不久的三家分晋开了一个头。

秦惠公六年（公元前495年），吴国完成了权力交接仪式，由夫差来继承阖闾的位子。夫差继位后，首要任务便是报仇。报什么仇呢？原来阖闾在之前曾经出兵越国，结果败于越王勾践，身死于此战。为报此仇，夫差励精图治，继续重用老臣伍子胥，伺机出兵越国。

夫差刚继位，勾践亲自领兵攻吴，结果越国大败。

依照大臣范蠡的建议，勾践先派出大臣文种前往吴国，然后以美女、财宝贿赂吴国太宰伯嚭，希望伯嚭能同情同情越王，在吴王面前多说说和好的好处。这伯嚭是个贪婪之人，立即答应还文种这个人情。

当夫差得知越国的意思时，本有迟疑，只是伯嚭一直在旁边煽动，更兼夫差当时的心思已经在北伐齐国之上了，因此夫差最后还是答应了下来。当时，伍子胥一听到这个消息，立即面见夫差，建议吴王不要放过越国。可是在伯嚭的挑拨下，夫差还是驳回了伍子胥的建议。

在吴国，夫差溺爱西施，宠信伯嚭，最后还在伯嚭的挑拨离间下，逼死了伍子胥。非但如此，夫差的生活骄奢淫逸，更频繁北上与晋、齐等国争霸。

另一边，在君臣的努力下，越国恢复了大败前的元气，甚至有所超越。

秦悼公十年（公元前481年），正当夫差忙于北上会盟诸侯之时，隐忍了多年的勾践终于率兵出击吴国。夫差得知，深知养虎为患的自己这次犯下了巨大错误，但是后悔已经来不及了，精兵在外，国内空虚，最后夫差只能以求和的方式来缓和这次突发事件。

在范蠡的坚持下，勾践拒绝了夫差的求和。夫差羞愧之下，自杀身亡。吴国从此消失在了历史的舞台上。

灭了吴国后，气势正盛的越国北渡淮水，会合中原齐、晋等诸侯。周天子为此赐给了勾践祭肉，并封其为伯。自此，越国代替吴国横行江淮一带，实现了越国的地区霸业。

祸不单行的时代

秦悼公十四年（公元前477年），一生无所为的悼公去世了，他的儿子继位，是为秦厉共公，《史记》里作秦刺龚公。至于"共"和"龚"，这两个字是通假字，为知错能改之意。看来，这秦厉共公倒也不见得多坏。

但是，对于曾经坏过的秦厉共公，到底他是怎么样的坏法，历史对此却没有任何记载。相反，关于秦厉共公年间的历史记载，却似乎让我们觉得这位君王倒也不失为有所作为的明君。因为在秦厉共公执政的时候，楚、晋等一些国家，以及当年被秦国打败的西戎绵诸之国，都派出使者前往秦国与之交好。可见，在秦厉共公时，秦国在春秋的地图上，还有他的一份地位。

不仅如此，秦厉共公还有军事上的胜利。秦厉共公十六年（公元前461年），秦厉共公下令攻伐大荔之戎（在今陕西大荔），最后顺利灭亡了这个部族。秦厉共公三十三年（公元前 444 年），秦厉共公第二次雄起，派军对义渠犁庭扫穴，还俘虏了义渠王。

从以上的事件来看，似乎秦厉共公也不是个坏主儿。当然，历史的记载很模糊，单单从这些来看，倒也不能看出个所以然来，如果觉得这样便意味着秦国强大了，只怕过于武断。

秦厉共公三十四年（公元前 443 年）的一天，太阳慢慢收敛起它的脸，整个秦国大地忽然昏暗了下来。秦人们带着些许恐慌和惊奇，纷纷站在各自的家门口指着天空那逐渐消失的太阳。这是一场日食，就在这场日食在民间带来喧闹的同时，秦都城里传出了一个重大的消息——秦厉共公去世了。

继承秦厉共公王位的是秦躁公，有谓"好变动民曰躁"（《谥法解》）。看来，臣民对这个君王的评价比对他的父亲更糟了。

秦躁公十三年（公元前 430 年），那个曾经被秦厉共公端了窝的义渠国这回反过来欺负到秦国头上了。那年，义渠兵大军入秦，直抵渭水，顺利报了当年的剿窝之仇。

虽然秦王室已经不堪到这地步，但是那些有实权的卿大夫们还不敢贸然行动，反正权力都在手了，大事过几年再做也无妨。因此，秦躁公最后得以安息，而不用经历秦国的事变。不过，他自己逃掉了，他的弟弟却逃不掉。

继承秦躁公王位的不是他的儿子，而是经由大臣们从晋国迎回来的秦怀公。

只过了四年，秦怀公便遇上了大臣政变。可怜的秦怀公，虽当了四年君王，却无实权，无政绩，被一群卿大夫捏在手里玩弄着。也是到了这个时候，秦国的卿大夫们开始玩实实在在的了。

秦怀公失位后，卿大夫为了掌控实权，便立了秦怀公的孙子继位，是为秦灵公。秦灵公在位期间也没发生多少大事，不过有一件事倒值得一说。

秦灵公三年（公元前 422 年），灵公下令全民祭祀炎黄二帝。这其实是一个很重要的信号，它带来了一个信息，即秦国在多年的文化熏陶下，已经可以接受秦地本土的信仰了。我们都知道，秦国是来自东夷，因此在这之前，秦人的祭祀对象一般都是东夷诸神。秦灵公这道诏令一下，才正式确认了炎黄这些中原文明的始祖在秦国祭祀对象里的地位，而炎黄又是华夏五千年的公认始祖，因此此事无疑为日后秦国的统一排除了些许信仰方面的障碍。

秦灵公十年（公元前 415 年），灵公去世，本应该由其子师隰继位，但师隰并没有得到大臣们的认同，最后，大臣们以师隰年幼为由，迎立了时在晋国的悼子为秦君，是为秦简公。

秦国政局由于卿大夫的插手而显得摇摇晃晃，而君主的频繁更换更使得秦国无法形成强有力的中央集权，从而为卿大夫的擅权让出一条更宽的道路。秦国已经陷入一个恶性循环，这种恶性循环在渐渐侵袭着秦国的国力。

国力衰退，就势必引起他国的觊觎。在秦国国内政局动荡的时候，它的东方邻居已经开始伸出贪婪的双手了。只是到了这个时候，它的邻居已经不是那个晋国，而是一个即将被称为魏的新兴势力。

晋国公卿魏氏对于秦国的攻伐，一方面使得政局不稳的秦国陷入了更深的泥沼，另一方面也刺激了秦简公，迫使秦简公开始思考一个很重要的问题：秦国为何会落后？而对于这个问题的思考直接促进了秦国一段伟大历史的展开——秦国改革。

是到改革的时候了

在秦国无所事事的年代里，它的邻居却发生了巨大的变革。晋国三家鼎立的局面基本预示了新时代的到来。待到三家彻底进化成三国，晋国从此消失在历史的记载里，取而代之的是三个新兴的国家——韩、赵、魏。在三国中，魏国首先兴起，而魏国的兴起直接导致了秦国又一轮的衰弱。

秦简公二年（公元前 413 年），边境又传来魏氏进犯秦国的消息。这一次，魏氏派军大举入侵，在郑（今陕西华县北）的城下击败了秦军。

秦简公六年（公元前 409 年），魏氏再一次派军攻打秦国。这一次，魏军顺利夺取了秦国大片土地，并在秦地上修筑了临晋（今陕西大荔东）、元里（今陕西大荔北）两城。

次年（公元前 408 年），魏军继续进攻秦国，以期扩大他们的战果。这一次，魏军攻至郑邑（今陕西渭南华州区），并在洛阴（今陕西大荔西南）、合阳（今陕西合阳东南）之地又修筑了两座城池。可怜的秦国到了这个地步只有退到洛水背后，修筑重泉（今陕西蒲城东南）实施防御。

秦简公继位没几年，怎么就被魏氏连续欺负了这么多次？秦简公想来想去，最终得出了两个结论：其一，魏氏变强了；其二，自己变弱了。

想着魏氏这些年的改头换面，原来魏氏是靠着变法而强大的。看来，是到改革的时候了，于是，一场涉及政治和经济的改革便在秦国展开了。

先是在政治方面的改革。秦简公六年（公元前 409 年），简公颁布命令，允许官吏佩剑。官吏有佩剑，在当时的人们看来是文明先进的标志，因此早在春秋时代，中原便有很多诸侯国实行了这项制度。所以秦简公此举意在跟风，倒也没有多大改革意义。第二年，这项制度更进一步，法令允许了百姓佩剑。在周礼的规定中，佩剑是只属于贵族的特权，百姓本无此权利。因此，秦简公这项改革的重要目的便是削弱贵族的特权，同时起到全民防守的作用。

在经济方面，秦简公开始了"初租禾"的步子。所谓的初租禾，就是上交农田税。此举在现在看来或许没什么大不了，但在当时的秦国可是一大进步。因为交税就意味着承认了秦国境内土地的私有化。本来，周王才是土地的所有者，但是在各国纷纷对国内的农田收税之后，周王室的土地所有制已经失去了它的真实意义。此时，对土地的私有无疑缓和了因国内多年兵败而愤怒的群众的心。

这些改革拉开了秦国变革的大幕，而在军事体制方面，秦国却还没有触及。

秦简公的改革之路没有再深入下去，但历史还在继续。秦简公十二年（公元前 403 年），周威烈王正式承认了晋国的魏氏、赵氏和韩氏为诸侯。三家分晋作为一个信号，标志着春秋时代的结束，历史正式进入七雄并立的战国时期。

惠公的绝对大反击

秦简公十五年（公元前 400 年），简公去世了，他的继任者是秦惠公。

幸好，魏国的敌人并不仅仅只有秦国一个。发展中的魏国还将它的眼光放到了东方的齐国，放到了南方的楚国，还有和自己同根而生的韩、赵两国。因此，秦惠公继位的前四年，秦、魏之间并没有发生任何值得一提的战争。

秦惠公四年（公元前 396 年），叱咤一生的魏文侯完成了他的历史使命，给后代留下了一个强盛的魏国。继承魏文侯的是太子魏击，是为魏武侯。

魏武侯继承了父亲的意志，将发展魏国作为自己的使命，并为这个目标努力地行动着。就在魏武侯继位的三年后，魏国开始了新的一轮对秦攻伐。因此在这一年，秦惠公便被迫开始面对父亲遇过的难题——魏国的吴起。很明显，有吴起在魏国的一天，秦国就不会有安宁。因为，魏武侯命令吴起的这次出兵，再次打败了秦国。

这次失败让秦惠公感到了时势的艰难，看来自己真的已经被魏国压得死死的了。但是，面对魏国的强势，秦惠公并没有像其父一样想到改革，又或许，秦惠公虽有心改革，但当时的秦国却缺乏深谙改革之道的能臣。因此，秦惠公对于魏国的来犯并不能找到一个很好的解决办法，唯一可行的，还是一如既往地搞拉拢同盟行动。

现在有可能帮助秦国的只有齐、楚两个大国。可是，齐国当时正经历着内乱，又兼之三晋联兵已经攻进齐国，迫使齐君割地求和，因此，齐国对秦国并不能提供任何帮助。最后，如同当年秦楚联合对晋一样，现在的秦国能拉拢的盟国还是楚国。可是，楚国愿意吗？事实上，楚国正缺乏一个政治伙伴。

秦简公十四年（公元前401年），楚国迎来了它的又一个新君主——楚悼王。

三晋为了成功破楚，再次联合，并于秦简公十五年（公元前400年）出兵楚国，结果于乘丘（今山东巨野西南）大胜楚军。

三晋的入侵触怒了楚悼王，于是在秦惠公七年（公元前393年）反击韩国，顺利夺取了韩国的负黍（今河南登封市西南）。

楚国夺取了韩国的城池，三晋当然也不能示弱。于是，秦惠公九年（公元前391年），三晋联军又来报复，最后再次于大梁（今河南开封西北）、榆关（今河南新郑东北）二地大胜楚军。这两个地方是楚国的战略要地，一旦失去，此时的楚国便不可避免地陷入和秦国失去西河之地时一样的窘境。因此，面对三晋的强势，如同秦惠公一样，楚悼王也很希望能为自己找个同伴。最后，在两国的交涉下，秦、楚又达成了一致目标——联合对抗三晋。

为了摆脱三晋，楚国请求秦国出兵，从而分化三晋的力量，减轻自己的压力。秦惠公慷慨应允，便开始分析如何进行背后偷袭行动。

在三晋之中，和秦国领土相邻的只有魏、韩两国，而对于魏国，秦国已经在它上面吃了很多亏了。因此，秦国这次不会傻傻地选择魏国偷袭。不是魏国，当然就是韩国了。正好，三晋之中，最弱的也是韩国了。因此，秦惠公趁着三晋联合对楚之时，不失时机地派出大军进攻韩国。

这次进攻韩国，顺利地攻下了韩国宜阳（今河南宜阳西）六座城池。宜阳被夺的消息震动了三晋，迫于秦国在后方的骚扰，三晋暂时放松了对楚国的进逼，将部分兵力转向了西方。秦惠公十年（公元前 390 年），魏武侯下令出军援助韩国，最终在武城（今陕西渭南华州区东）与秦国进行激战，结果不分胜负。

这次武城之战虽说不分胜负，却也激起了秦惠公的雄心。要知道，在这之前，秦惠公一直是被欺负的，而这次能打个平手，看来魏国也没什么了不起。何况这时候还有楚国和自己站在同一战线，另外，齐国也趁着这当儿在东方夺取了魏国的襄陵，让魏国大惊失措。秦惠公觉得该来一场绝地大反击了。于是，秦惠公十一年（公元前 389 年），惠公抱着拼死一搏的决心，破釜沉舟，背水一战，领着大军五十万，来到了晋国的阴晋（今陕西华阴东），在这里摆开了阵势，准备和魏军来一场大决战。

秦惠公这次领兵五十万，相比之下，魏国的吴起只有五万魏军。但是，对于吴起来说，统兵在于"治"而不在多。虽然魏武卒只有五万，但都是对于驰骋沙场有着丰富经验的猛兵。吴起对于秦惠公这五十万的噱头并不是很在意。

为成功击退秦军，吴起请魏武侯亲自举行宴会，并对有功的士兵进行奖赏，对阵亡的士兵家属进行慰问。在这一系列笼络军心的行动后，魏国的五万士兵无不对君王和主将的恩宠表示感激，因此个个发誓要在战场上报答魏国，让秦军有来无回。

在吴起出色的统领下，这五万魏兵个个奋勇杀敌，竟然有了以一当十的英勇。就这样，在魏军反复的冲杀下，五十万秦军被这个小队伍冲击得不成模样，死的死，逃的逃，庞大的军队瞬间如大山崩塌。

此战便是著名的阴晋之战。阴晋之战以吴起以少胜多大胜秦军而告终，它使得魏国顺利保住了河西这块战略要地，有效地遏制了秦军东进的势头。而对于本就虚弱的秦国，遭此大败后基本是元气大伤。因此，此战过后，对于秦惠公的贸然反击，秦国国内对其批判声迭起，而秦国也因此陷入更深的政局动荡之中。

秦惠公十三年（公元前387年），惠公去世了，继任者是他年仅两岁的儿子秦出公。一个幼儿的继位注定了秦国王权旁落的命运，秦国又陷入了一场泥沼之中。

这种不安定来自两岁的君王，同时来自邻居魏国。秦出公刚继位，魏武侯便将矛头指到了这个年幼的孩子头上，率领大军进攻秦国，最后在武下击败了秦军。

当然，来自国外的威胁并不具备巨大的震慑力，真正笼罩在秦国大臣们身上的阴影还是来自国家内部权力的争夺。这一次，因为秦出公年幼，他的母亲小主夫人作为监护人，自然取秦出公的权力而代之。

这种政局混乱引起了国内百姓的不满，但对于沸腾的民怨，小主夫人和她的宦官们保持着视而不见的态度。最后，不仅百姓们抱怨，就是为国效命的秦国官员们也是个个痛斥腐败的政治，其结果是造成了大批正直官员的无奈隐退。

公子连力挽狂澜

就在秦人为秦国未来的命运而担忧的时候，秦国忽然出现了一个叫师隰的人。

师隰又名公子连，是秦灵公的儿子，秦出公的堂兄。当年，秦灵公去世，本应该由他继承的君主之位却被他的叔叔秦简公给抢走了。秦简公和卿大夫想发动政变，就得先排除异己，而作为本应该成为继承人的公子连，自然成了他们的头号敌人。

当时的公子连才十岁，身旁也没有太多的臣子能支持自己，因此势单力薄的公子连只好在一些家臣的保护下出逃。公子连先是逃到了故都西犬丘，后仍觉危险，只好逃往正在发展中的魏国。

当时的魏国在李悝和吴起等一群名臣的支持下实施变法，正处于蓬勃发展的时代。看着魏国的发展，再反观自己国内的衰败困顿，公子连在叹气的同时深感不安。因此，他便暗暗发誓，日后必定要回国变法，还秦国一个兴盛的时代。为此，公子连便待在魏国研究学习，同时时刻关注着秦国的局势。

对于魏国，公子连并不仅仅有欣赏之情。因为在公子连流亡魏国期间，秦国多次败于魏国，所以公子连在心疼秦国的同时，对于魏国也多少产生了一丝忌恨。

秦出公元年（公元前386年），魏武侯帮助齐国田氏获得了齐国的诸侯位置，使得魏、齐两国出现了短暂的和平。魏、齐两国和平了，同时秦、楚之间的联合也使得三晋毫无用武之处，因此，三晋之间便开始互闹矛盾。

这矛盾来源于三晋之间的根本利益关系。当时，三晋联手对付西北的秦国和南方的楚国，可是这两个国家的版图和东方的赵国都没有沾上边，因此，赵国早就对这种联手有所不满。这种不满便加深了三国之间的利益纠纷，最后，三晋之间便有了分离的裂痕。

这道裂痕从赵敬侯迁都邯郸便可窥见一二。邯郸是一个天然的防守之地，赵敬侯迁都到此，便意味着三晋之间对于彼此已经出现了危机感。同时，赵国还和楚国联系密切，而秦楚之间向来要好，因此魏武侯就开始担心了。要知道，若秦、赵、楚联合，将会对魏国形成夹击之势，使魏国陷入三面受敌的不利局面。

魏武侯左思右想，希望能找到办法打破这个可能形成的不利局面。恰逢此时，秦国国内因为小主夫人的擅权而引起了政权不稳的危机，而自己国内又正好收留了一个最有可能成为秦国国君的人。因此，魏武侯便想到了一个办法——帮助公子连回秦国当国君，在秦国建立一个亲魏政权。

公子连身在魏国，心却时刻惦记着秦国。秦国发生的事，他如何能不知道？秦国在小主夫人的儿戏下，将本就动荡的政局搞得更加乌烟瘴气，这又如何能不让身在他国的公子连心痛？可怜公子连一身抱负，急欲挽救秦国于困顿，却终因身在外地，国内无势，而只能成为深夜里的遗憾。

正当公子连在唉声叹气的时候，忽然有人来见他，向他传达了魏武侯的想法——帮公子连回国当国君。

公子连听到这个消息，自然是高兴异常，但是他是个精明之人，完全不把自己的喜悦表现在脸上，因为他也知道魏武侯的用意。

公子连明白魏武侯的用意，同时，对于魏武侯护送自己回国，他也有另外的担忧：秦、魏多年的争战造成了彼此之间的不和，秦国人对于魏国不是一般的痛恨。这种情况下，如果自己被魏国护送回去，如何能得到秦国百姓的民心？再者，如果自己是被魏国迎立的，那势必会形成魏国仗势制约秦国的后果。

于是，公子连做出了一个决定：靠自己的力量回国。看来，魏武侯的提议没被公子连采纳，但是直接激起了公子连回国的决心。

公子连回应来者，令其回去告诉魏武侯，自己愿意回国，但不敢在魏国事多的时候还来分散魏国的力量，因此希望魏武侯能让自己独自归国。

魏武侯一听公子连的回应，虽然由自己迎立的目的没有达到，但毕竟公子连要回去了，好歹他是在魏国待过很多年的，怎么也会对这块土地有点感情，亲魏这事指不定还是有盼头的，所以魏武侯对于公子连回国的行动还是表示支持，并送给了公子连很多车马和金银。

公子连决定依靠自己的力量回去，便开始为这个目标行动起来。公子连明白现在秦国内部对于小主夫人已经忍无可忍，因此他便令人进入秦国，联合那些和小主夫人不和的大臣，让他们在秦国国内四处散布公子连即将回国当国君的消息。与此同时，公子连也积极寻访豪杰，并暗中拉拢秦国内部的大臣。

秦国百姓一听说公子连即将回来当国君，无不感到欢喜。虽然他们不知道这个从魏国回来的公子是个怎么样的人物，但是他们愿意赌一赌，因为小主夫人这群人已经将他们逼得没有退路了。因此，公子连顺利争取到了秦国内部大臣和百姓的心，这点让公子连的计划进行得很顺利。

秦出公二年（公元前385年），正当公子连为目标而努力的时候，秦国那边忽然给他送来一个消息——国内庶长愿意帮助公子连回国掌政。公子连得到消息后，兴奋不已，立即带着自己的家臣，二话不说地赶回秦国。

公子连一开始由郑所之塞（今陕西渭南华州区西）入境。这里地处渭水之南，是西进秦都雍城的东方要道，可是当公子连率领队伍来到了城下时，竟然遭到了守塞官吏的拒入。这个守塞官吏以臣子不该事二主为由，表明自己不能让公子连过去。但是，守塞官吏愚忠则愚忠，却也明白秦国此时需要的正是公子连。因此，守塞官吏睁一只眼闭一只眼，希望公子连能另寻入境之处。

公子连在郑所碰了壁，只好北渡渭水，转道焉氏塞（今陕西富平附近）谋求进入秦国。这里距郑所之塞还没有半日行程，从这里进入秦国，也不失为捷径。和郑所的遭遇不同，负责这一带防务的菌改一见公子连前来，便立即打开城门，投向公子连，公子连便由此向雍城进发。

在前往雍城的路上，公子连遇到了小主夫人派出缉拿他的军队。可是当这支军队来到公子连面前时，却表明自己的立场——支持公子连。这真是如虎添翼，公子连有了这支军队，再加上秦国国内的支持，要顺利进入秦都已经是轻而易举的事了。果然，没有多久，公子连便率领了这支军队直入雍城。雍城里的小主夫人见公子连大军直入，失去了众人支持的她已经找不到任何办法，最后，在公子连的逼迫下，小主夫人只得抱着她的儿子秦出公自杀身亡。

公子连既紧张又兴奋地坐上了秦国国君的位子，他明白这个国家将在他的管理下重新踏上兴盛的轨道。

改革之路

秦献公公子连接过了这个残破不堪的国家，他继位后便找寻着强国的道路。其实，在秦献公心里，他早已为自己规划好了整个的治国方略。这份规划全然得益于他在魏国的这些年。在秦献公待在魏国的近三十年，正好是魏国强盛壮大的时候。这点让秦献公有极大的触动，为何一个新兴的国家却能迅速发展，从而凌驾到其他大国之上？

带着这个问题，秦献公在对魏国进行一番考察的同时，还将其和秦国进行了一次对比。关于魏国，他看到了一个李悝。这个李悝在魏文侯的支持下，大胆地在国内进行变法，使得魏国的经济迅速发展，政治也因而安定。还有一个吴起。这个吴起在军制上的大胆突破，完善了魏国的军事制度，也提高了魏军的作战能力。后来又有一个西门豹。这个西门豹刚到邺城，便"斩杀"了当地的"河伯"，将迷信之风赶出邺城，并在邺城大刀阔斧地改革，使一个本已荒芜的地方重新染上了多彩的颜色。

这三位贤臣之所以能帮助魏国取得这样好的成绩，其中无外乎一个词——改革。

由于公孙痤的嫉妒和陷害，吴起差点儿性命不保。无奈之下，吴起离开了魏国，来到了楚国。为了消除楚悼王的疑虑，吴起建言献策，想要帮助楚国强大起来。楚悼王折服于吴起的施政理论，便将变法的任务全权交给了吴起。这之后，吴起在楚国开始了他的变法之路，而楚国也因为有了吴起变法，成功扭转了贫国弱兵的局面，重新踏上了富国强兵的道路。

魏国的改革和楚国的变法彻底坚定了秦献公的决心：如果这样做，秦国必然强大。

秦献公元年（公元前384年），献公刚登上君主的位子，就做出了一件轰动秦国的改革——废除人殉制度。人殉在秦国有多年的历史，它除了让贵族大夫们彰显自己的身份地位，对于秦国的发展毫无益处。因为到了秦献公这里，对于人口尤其是青壮年的需求提高，人殉制度夺取生产力的缺点便暴露无遗。因此，废除人殉制度从根本上制止了秦国生产力和兵源的缺乏。有了生产力，秦国的农业和工商业便兴盛起来，秦国的经济也因此而重回平稳发展的轨道。至于有了兵源，这对于秦国军事的贡献，自是不用多讲。

这之后，秦献公做了第二件大事——迁都。秦献公将都城从雍城迁到了秦国东部、地近河西地的栎阳（今陕西西安阎良区武屯镇）。秦献公的这次迁都之举一来向秦人表明了自己夺回河西之地的决心，二来使得自己远离旧都雍城的束缚，因为在那里聚集了一大批有权有势的贵族。

除此之外，秦献公还继续推广当年由秦简公颁布的初租禾。初租禾对于土地私有的认可，对于地主来说当然具有诱惑，但对贵族来说，却无疑剥夺了他们的权利。因此，初租禾在东部边防地区推行得较为顺利，在西部以雍城为中心的贵族聚集地便受到了很大的抵触。另外，初租禾作为支持地主的政策，还经常引起贵族和地主之间的冲突。

秦献公对于两者之间的冲突，采取了平衡缓和的政策。他没有硬性地要求贵族实行自己推行的初租禾，为了拉拢这些贵族，秦献公和当中最有势力的一家结成了姻缘。对于地主阶级，秦献公在他们之中挖掘人才，从中选拔官员，让地主的势力变大，从而平衡其与贵族之间的力量。

秦献公以联姻和宽容的方式对待贵族阶级，同时让实行的政策偏向地主和农民。在这种两相平衡之下，秦献公拉拢了贵族势力的同时，也获得了地主阶层的支持。因此，秦国渐渐有了复苏的势头。

这之后，秦献公还在国家的许多方面实行各种改革。秦献公的改革之后，秦国的国力渐强，人口增加，经济复苏，军事素质也提高了不少。但是，当贵族们看清了秦献公的政策后，便明白了这些政策都是以牺牲自己的利益为前提的。因此，秦献公的改革引起了部分贵族的不满，也因为这个原因，改革在秦献公这里才无法跨出更大的一步。

千古一王

秦献公的改革总算挽救了秦国持续多年的颓势，将秦国重新拉回了富强的轨道。秦献公十一年（公元前374年），献公接见了周烈王派来的使节太史儋。太史儋暗示秦献公，希望秦献公能扛起尊王的大旗，在扶助周王室的同时让自己成为新一代的霸主。听到这里，秦献公的心痒了起来。

就在同一年，在太史儋的鼓励下，秦献公随即派兵进攻了三晋之中的韩国。可是，秦献公的首次用兵以失败而告终。这之后，秦献公又足足蛰伏了八年之久。

这八年之中，秦献公的变法在国内的贵族中引起的不满声越来越大，国内的矛盾也越来越尖锐。这种矛盾如果不及时进行处理，只怕会触发一场大的内战，为此，秦献公让这种情况成为一个直接的理由，开始了他蓄谋已久的对外战争。

对外战争成功转移了国内的关注点。当然，这只是秦献公的目标之一。在秦献公的计划中，收复河西之地远比这个目标更重要。因此，秦献公对这次对外战争抱有十分大的期望，他期望能顺利达到目标，夺回失去多年的土地。

秦献公十九年（公元前366年），在败于韩国的八年后，秦献公再次派兵东进。当军队来到了洛阴之地时，秦军遇到了韩、魏联军。联军就在面前，秦献公必须把握这个时机。如果此次兵败，国内群众将会对自己失去信心。如果此次获胜，自己将会争取到更多的信任，从而可以进一步实现目标。

在此战中，秦献公将决心和信心化成了力量，率领秦军成功击败了韩魏联军。这次胜利在秦国国内引起了一阵兴奋，秦人们在秦献公打败韩魏军队之中看到了秦国变法的结果，也看到了秦国复苏重建威望的希望。

当秦国上下还沉浸在胜利的喜悦中时，秦献公二十一年（公元前364年），秦献公再次领兵伐魏。其结果是深入魏国的内部，在石门（今山西省运城西南）打败魏、赵军队，斩首六万。石门之战是秦国对魏所取得的前所未有的大胜利，在这之后，秦献公将获得的土地献给了秦国的贵族，从而稍微安抚了贵族们因变法而不服的心。

这场大胜轰动了秦、魏两国，也震惊了周王室。为此，周显王派出了使节前往秦国祝贺，并且向秦献公献上绘有黼黻花纹的绣品。"黼"是黑白两色相间的刺绣，花纹是一对斧钺；"黻"是黑青两色相间的刺绣，花纹是一对弓矢。因此，这次送礼很有代表性。因为赐给诸侯斧钺弓矢，本是周天子承认受赐者为霸主的隆重仪式。在春秋时期，晋文公就接受过周天子的这些礼物。只是，当时的周王室还有点能力，因此送出的东西是真东西。可是到了战国时期，周王室已经弱到不像样了，因此，周显王只能把绣有这些东西的绣品送给秦国，当是走个形式。

要知道，当魏国在国力顶峰的时候，周王室都没有送出这些东西，而秦国此时不过胜了魏国两战，远远比不上当年魏国夺取秦国河西之地的威风，却有幸获得周王室的认可。由此看出，周王室在当时是有所偏向的。

获得周王室的支持后，秦献公便大胆地更向前进了一步。秦献公二十三年（公元前362年），三晋之间又发生了矛盾。秦献公看准了这个机会，再次出兵攻魏，最后在少梁（今陕西韩城南）打败魏军，俘魏军统帅公孙座，并成功收复了庞城（今陕西韩城东南）。

秦献公三出三胜，似乎意味着秦国的实力已经凌驾在魏国之上了。其实不然，当时的魏国多面临敌，自然无法全身心地对付秦国。同时，魏国内部因为公孙座等人的相争行为，致使军事行动难以一致，最终才难逃败亡的命运。因此，秦国能胜，一方面虽有自身改革的功劳，另一方面也正好遇上了魏国正处于多事之秋。

少梁之战后不久，秦献公便带着未能继续发展秦国的遗憾离开了人间。秦献公作为一个出色的政治家，他的出现为秦国带来了一个转折点，顺利终止了秦国沦落的脚步，成为秦国实现再度崛起的奠基人。

秦献公为秦国的发展做出了巨大的贡献，在秦献公去世的那天，秦国上下无不感到心痛。

秦献公的儿子嬴渠梁接过秦国的时候，早有秦献公在前面开创了一条改革的道路，因此上位时不至于手忙脚乱。但是，秦国在秦献公时的改革具有不彻底性，因此秦国并未真正实现富强的目标。而在秦献公死后，诸侯们更看不起这个二十一岁的年轻人。

幸好，这个嬴渠梁是个不甘心让人看扁的人物。当时，中原的各诸侯都将秦国看作夷狄之族，要知道，这种轻视在当时是很严重的。

远在西北的秦国在多年积弱下，国力大降，后虽有秦献公的努力，从而争取到周王室的支持，但中原诸侯对此显然不屑一顾。因此，秦人无不希望有一个统治者能为自己正名，能为自己向世人证明：秦人并非夷狄之辈！

商鞅从西边来了

秦孝公嬴渠梁继位后，面对着一个毫无政治地位的国家，他又该如何去治理呢？变法？他自己心中并没有太多的知识和经验，只怕难以担起这个担子，何况当时自己还得对贵族旧势力礼让几分。秦孝公是想继续变法的，但对于这个目标，他首先想到的，还是寻找人才。

秦孝公元年（公元前 361 年），孝公向全天下下达了招贤令，表明了自己求贤若渴的心情。但是，贤人是没那么容易找到的。这道求贤令直到它颁布的两年后，才实现了它的效用。

秦孝公继位后的两年内便取得了一些小成绩，为此，周显王给他送来了礼物：文武胙。按照周朝礼制，胙一般只赐给周王的同姓诸侯。文武胙是周王祭祀周文王和周武王时用的肉，自周平王以来，异姓诸侯中只有齐桓公获得过这样的殊荣。

其实，当时也没有几个诸侯国会将周王室放在眼里了，因此这份礼物最多就是个象征意义，并没有太大的实际意义。

虽然周王室的礼物没有太大的实际意义，但它作为一种认同，确实对秦孝公有不小的激励作用。当秦孝公亲手接过礼物的时候，他感到激动却又夹杂着些许慌张。自己抱得动这份礼物吗？求贤令已经颁布两年了，还没有一个能人来投，秦国的未来有希望吗？

就在秦孝公满怀激情却又感到无助的时候，一个人在他的生命中出现了。这个人的到来彻底挽救了秦国，他就是商鞅。

商鞅也叫卫鞅、公孙鞅，是战国时期的卫国人。商鞅自小便熟读百家经典，在深谙各家的理论之后，他最终选择了法家之术。既然是个满腹经纶之人，当然就不愿意待在一个小小的国家，因此商鞅年少时便来到了魏国。

当时正值李悝和吴起在魏国风风火火变法的时候，商鞅看到这些，在羡慕的同时，心中也搅动起翻滚的波浪。要到什么时候，自己才能大展身手？

商鞅沉寂了几年，后来才得到公孙座的推荐，但是商鞅没有获得魏惠王的重用，深感失望。正当商鞅为自己的未来感到迷茫的时候，忽然从西方传来了一道求贤令。这道求贤令是秦孝公颁布的，内容情真意切，语气迫切渴望。

因为种种原因，隔了两年之后，商鞅才有了第一次面见秦孝公的机会。秦孝公三年（公元前359年），近侍景监将商鞅正式推荐给了秦孝公。

求贤若渴的秦孝公一听说商鞅在魏国的故事，便召见了他。可是，这次会面却没有人们想象中的激情四射。当商鞅对秦孝公讲述起尧舜的治国之道时，秦孝公听得昏昏欲睡。在好不容易听完这次无聊的讲座后，秦孝公直骂这个推荐人：你看你推荐的什么人，这样的人值得重用？

近侍景监被秦孝公骂得汗流满面，跑回去找商鞅抱怨。原来，商鞅不过是试探一下秦孝公，看这个秦孝公是不是能变通的君主。如果秦孝公难以变通，那根本无法支持自己在秦国的变法。这时，当商鞅听说秦孝公因为自己的尧舜之道而对自己感到失望时，他在这个君王身上却看到了希望。因此，他请求近侍景监再帮助自己一次，安排和秦孝公再次会面。

秦孝公实在是无可奈何，在缺乏人才的时代，任何的可能性都不能放过，因此，秦孝公便接受了第二次的安排。

本来以为这次能有效果，可是，商鞅竟然还是在秦孝公面前大讲商汤周文武德并用的王道。这和尧舜的王道有差别吗？秦孝公实在不愿再听下去了，待商鞅退出后，他又叫来近侍景监斥责了一顿。

在无辜讨了两顿骂后，近侍景监又为商鞅和秦孝公安排了第三次会面。

幸好，景监总算在第三次会面后得到了秦孝公的赞许——因为秦孝公开始认同商鞅。景监获得秦孝公的表扬后，激动不已的他积极地为商鞅和秦孝公安排了第四次会面。

在这次会面中，商鞅以李悝的《法经》六篇作为基础，向秦孝公详细阐述了法制强国的理念。其核心就是严法治国、赏罚分明、树立君主威仪、调动各种力量壮大国力。商鞅这次提出的理念直中秦孝公的心。非但在理论上，法制治国的可能性是吸引人的，就是在实践中，李悝变法对于魏国崛起的贡献都是有目共睹的。因此，秦孝公这次听得心花怒放。

变法就是图强

秦孝公六年（公元前 356 年），商鞅在秦国进行了第一次变法。变法大致有以下内容：

第一，颁布法律，制定连坐。连坐即一家有罪而九家相揭发，若不揭发，则十家连坐。将一个小系统结为一个法律体系，有利于彼此之间互相监督，从而贯彻法的实施。作为法家的代表人物，商鞅对于法律的强硬性是很看重的。有一次，商鞅在渭河边上对七百多名囚犯判决，以雷霆手段用大刑伺候，以至渭水尽赤、号哭震天，令人不寒而栗。由此便可看出商鞅抱着多大的决心在秦国变法，而对此不加干涉的秦孝公，其决心也可见一斑。

第二，奖励军功，禁止私斗。对于军功的奖励，一方面激励了士兵为国作战的雄心，另一方面打击了贵族的特权。在贵族势力猖獗的时代，对于官位的垄断使得不少有心人士被排挤到官场之外，一辈子也不可能踏上仕途，而军功的奖励无疑打破了这种官位垄断，那些有志之士大可以通过为国奉献的途径来增加自己的功绩。

第三，重农抑商。农业在古代是百业之本，农业的发展，基本意味着一国经济的发展，如此便可见重农的重要性。为此，商鞅还制定了"徕民"政策，即招徕三晋百姓前往秦国垦荒。当时秦国地广人稀，土地虽多，但人口不足，因此商鞅才对三晋迁来的人口实行奖励政策，从而鼓励外来移民。"徕民"政策大大充实了秦国的劳动力和兵源。

此后，为进一步释放秦国的发展力，商鞅的变法更进了一步。秦孝公十二年（公元前350年），商鞅提出了"废井田，开阡陌"。这项制度是确立地主阶级统治最为关键的一项，它以法律形式正式确立了土地私有制，从而大大地打击了贵族的势力。

此后，为了便于向东发展，商鞅还建议秦国将都城迁到渭河北面的咸阳（今陕西咸阳东北）。

这些只是商鞅变法中一些具有代表性意义的变法措施，除此之外，商鞅变法还有许多内容。

当然，也正是因为商鞅变法的时代意义，才使得这次变法遭到了一些旧势力的抵触。

在秦孝公的支持下，商鞅变法得以在秦国轰轰烈烈地开展。此时，商鞅手握改革大权，激情四射，意气风发，整个秦国仿佛成了他的舞台。站在这个偌大的施政舞台上，商鞅感到了前所未有的成就感和期待感：一个属于他的时代终于到来了！

商鞅的变法在秦国雷厉风行地展开，这之中虽有无数反对的声音传入秦孝公的耳中，但秦孝公一点儿也不动摇。面对着许多持反对声音的奏本，秦孝公采取了不予理睬的态度，这为商鞅的变法提供了最强有力的支持。

但是秦孝公的不理睬终究引起了部分贵族的不满：既然秦孝公装作没看见，那就来做件大事让你看看。为了给商鞅难堪，贵族们采取了明知故犯的伎俩，他们就想要看看商鞅能拿他们怎么样，"于是太子犯法"（《史记·商君列传》）。

这个太子就是日后的秦惠文王。当时太子还小，但他的师傅们可以"帮"他犯法。

太子犯法。这确实是一件大事，也是一件难事。以法治国，当然就要一视同仁，可是对象是太子，商鞅敢将法实施到他的头上吗？秦孝公愿意吗？对此，商鞅想出了一个计策，既免除了惩罚太子，又维护了法律的尊严。

商鞅认为太子犯法，罪在指导太子的人。因此，他惩罚了太子太傅公子虔和太子的老师公孙贾。虽然没有直接惩处太子，但对于这两个官位很高的人的惩处也着实令贵族们吓了一跳。经过这一次，他们总算见识了商鞅的决心，也明白了秦孝公对于变法的支持全然不在商鞅的决心之下。当他们每一次看到商鞅那得意的神情时，当他们每一次感到自己的权益被变法所剥夺时，他们都恨不得剥了商鞅这个罪魁祸首的皮。也正因如此，商鞅的变法为自己的未来埋下了祸根。

虽然商鞅的变法为商鞅引来了无数忌恨，但它对农业的支持发展了秦国的经济，对军功的奖励提高了秦国军队的战斗力，而变法也彻底动摇了贵族势力的根基，巩固了秦国中央的权力，从而使秦国的政局恢复了安稳的景象。

惠文王要当励志帝

秦孝公二十四年（公元前338年），秦孝公去世，太子继位，是为秦惠文王。

当年，秦惠文王还是太子的时候，触犯了新法。商鞅便治了太子的两个师傅公子虔和公孙贾管教不严之罪。公子虔和公孙贾一个被割掉了鼻子，一个在脸上被刺了字。

当时身为太子的秦惠文王虽因"储君"的身份没有被施刑，但他仍觉得脸上无光。因为此事，商鞅与秦惠文王之间的恩怨越发复杂起来。所幸秦惠文王是一个通情达理的明君，私人恩怨其次，国家社稷为大，并没有将对商鞅的不满带到朝堂之上。

但是，如今的太子太傅公子虔却做不到。公子虔能够成为太子的老师，肯定不是简单人物，他因商鞅割他鼻子一事耿耿于怀。

公子虔强压着心中的怒火，忍气吞声"杜门不出八年"之久，直等到他的学生秦惠文王登上王位，公子虔认为他报仇的时机到了，这么多年的隐忍终于爆发。他在秦惠文王面前告发商鞅变节。

公子虔的诉状呈上之后，纷至沓来的还有众多宗室贵族的上书，大好时机，有仇的报仇，有冤的报冤。众愤难平的情形之下，秦惠文王认为，为一人而令众人愤怒，这实在是划不来的交易，暂且不论商鞅是否通敌变节，先将他抓获了再说。

对于秦惠文王来说，此时变法已经成效显著，深入人心，没有商鞅，变法依旧会在既定的轨道上继续前行，所以并不是非商鞅不可，而宗室贵族却不一样，他们不仅势力强大，更有充分的利用价值。在一番衡量之后，秦惠文王还是做出了杀掉商鞅的决定。

商鞅见不利局势越来越糟，又听闻秦惠文王要杀自己，知道留在秦国已无活路，便趁着月色逃出，往魏国方向而去。一路奔波，眼见要出关了，又累得要命，便想在客栈留宿一晚，明日天亮后再赶路。

商鞅来到客栈，却因为没有证件而被拒之门外，一连投奔几家，皆是此种结果。依据商鞅新法，住店要出示证件，没有证件者若是被留宿了，店主则要承担相应的罪责，这就是所谓的连坐法。商鞅万般无奈，大叹一口气，心中五味杂陈，悲喜交加，自己立的法却将自己给拦住了。

商鞅拖着疲惫的身体继续赶路，入得魏国境内，却被赶了回来。商鞅曾领兵攻打魏国，魏人对商鞅甚是仇恨，哪里还会收留他？商鞅回秦后，被迫潜回封地商於，后发兵攻打郑县（今陕西省渭南市华州区）。秦惠文王派兵征伐，结果商鞅战死，其尸身被带回咸阳，处以车裂。秦惠文王下令诛灭商鞅全家。

合纵连横

随着各家兼并战争的持续，诸侯国的数量锐减，到战国初期仅有二十几家。这二十几家中有七家实力最为强大，便是秦国、齐国、赵国、魏国、韩国、楚国、燕国，史称"战国七雄"。

战国七雄使尽浑身解数，开展富国强兵的策略，在想要吞并彼此的同时，又要防止被吞并掉，在这样的环境中求得生存，实属不易。各国需在加强自身实力之外，搞好与其他各国的关系。

战国初期，齐国是东方大国，而秦国经历了商鞅变法以后，后来者居上，迅速崛起，成为一个独当一面的西方大国，其余五国均无法与秦国、齐国抗衡。迅速强大的秦国、齐国下一步必然是继续实施兼并战略，弱国将面临严峻的危机。

根据战国初期形势，所谓的合纵的针对性已经十分明朗，合纵主要是对燕国、赵国、魏国、韩国与楚国而言，他们中的任何一个国家都不足以单独与秦国或者齐国抗衡。所谓唇亡齿寒，这几个弱国联合起来，共同对抗齐国、秦国，以防止被兼并反倒是明智之举。

到了战国中期，随着形势的日新月异，合纵的针对性也在不断变化。随着商鞅变法的持续进行，秦国一国独大的局面渐渐形成，成为六国共同的威胁。面临这种新局面，其他六国调整战略，逐渐走入一个阵营，此时的秦国成为众矢之的。

这一时期，合纵连横的局势便成为六国联合共抗秦国，是为合纵；秦国拉拢弱国，各个击破，是为连横。

苏秦与张仪师从鬼谷子。鬼谷子是个颇有传奇色彩的奇人，其名王诩，常年在山中采药修道，号玄微子。王诩住在阳城山中谷地，此地林木茂盛，谷深不可测，常年无人居住，便被人称为鬼谷，王诩就自称鬼谷先生。

鬼谷子作为纵横学的始祖，他的两个弟子苏秦、张仪继承了他的衣钵，成为纵横学的倡导者。苏秦曾凭借其三寸不烂之舌游说六国，联合攻打秦国，是为合纵战术。张仪则恰恰与之相反，他凭借其谋略游说，利诱兼具威胁，将六国同盟打破，才使得秦国各个击破，终成一统大势，这其中张仪的功劳可谓极大。

尽管苏秦与张仪处在政敌的位置，但是，与张仪演对手戏的主要是公孙衍。公孙衍是魏国人，曾入秦为官。公孙衍起先事从秦国，后被魏国收买，便入魏为相，提出了合纵的战略，魏国于是联合燕国、赵国、韩国、楚国共同攻打秦国，重创秦国。

河西是老秦家的

河西之地与秦国仅一河之隔，是秦国通往中原的门户，其战略性可想而知。而河西重镇阴晋更是重中之重，秦国要想实现入主中原的野心，必须占据阴晋，乃至河西之地。

公孙衍本是魏人，秦惠文王将其任命为大良造，与其一同谋划攻打魏国、夺取河西之地事宜。公元前 333 年，秦军整装待发，秦惠文王命公孙衍领兵，大举进攻魏国。

作为昔日大国的魏国，多年的战争，已经让其筋疲力尽了。士卒少，粮草缺，将领无能，这样一个魏国如何能够与赳赳强秦相抗衡？

公孙衍领兵往自己的老家气势汹汹而去，引狼入室一词说的应该就是公孙衍这样的人。魏军不能抵挡秦军的强大攻势，只好投降，在割地等条件的威逼利诱下，秦魏修好。魏国将阴晋割让给秦国，秦国自然乐意。日后，秦以此为依托，攻打魏国夺取河西，便是轻而易举了。河西一旦落入秦国手中，那么向东扩张，称霸中原的梦想也就指日可待了。

阴晋既得，秦惠文王心头的一块大石头落地了。但是，人的欲望永无止境，这份既得利益，不过是秦国的一个阶段性目标而已。

公元前 330 年，公孙衍再次领兵攻打魏国，魏国倾其兵力，不过八万余士卒，在与秦军作战中，竟有一半被杀，主帅龙贾被俘。魏军群龙无首，一击即溃，秦军顷刻便取得了胜利。

没有招架之力的魏国再次求和，代价是全部的河西之地，至此，河西之地终于再回秦国，秦国打开了通往中原的门户，距离梦想越来越近。

张仪我来了

公孙衍除军事才能佳外，口才还相当了得，凭着他那三寸不烂之舌，威逼兼利诱，迫使魏惠王将河西地区割让给秦国。魏国以整个河西地区为代价，终于换来了一时的安宁。

魏惠王割让河西之地实属无奈，从长远来看，这确实是一步臭棋。河西门户打开，秦国通往中原的道路也就通畅了，秦以此为基地，在此转运物资，距离称霸中原的梦想越来越近了。魏国虽然解了燃眉之急，距离亡国之日却是不远了。

公孙衍在短短时间内，取得了秦惠文王的信任，帮助秦国夺取了河西之地，这是秦国人多少年的梦想，却在公孙衍的手中实现了。此时的他可谓是意气风发，气场惊人，秦国内外对公孙衍无不刮目相看。

魏惠王一想到那个本是魏国人的公孙衍就有满心的怨恨，正是他率领着秦军将自己的家乡陷入血腥之中，魏惠王恨不能杀之而后快，只是苦于鞭长莫及。正当魏惠王一筹莫展之时，魏国中有深知公孙衍品行者进言：公孙衍贪婪爱财，却也是腹有才华，若能够以重金贿赂，收为己用，可以一举两得。

魏惠王一听此言，心想确实有理，便依计而行。公孙衍终于被成功说动：一来，源于他对财富的无限追求；二来，人的骨子里一般都有恋乡情结，公孙衍本是魏国人，不管他愿不愿意承认，在他的潜意识里仍有为魏国效力的热情与愿望。

收下重金，应允了来者，公孙衍虽然身在秦国，心却回归了魏国。这日，公孙衍来见秦惠文王，秦惠文王满脸堆笑，对于这位功臣，他是十分敬重与赏识的。

公孙衍见了秦惠文王，态度虔诚无比，公孙衍以为，现下秦国、魏国交好，不用担心有后顾之忧，可以趁此时机进攻别的国家，若能够得西戎之地便可了却一桩心事。

秦惠文王对公孙衍信任有加，哪里会想到公孙衍包藏祸心。一心沉浸在建功立业之中的秦惠文王自然也希望能够扩张领地，对于公孙衍的建议他是有心动的，但是，这个时候，有个人站出来，敲醒了头脑发热的秦惠文王，并拆穿了魏惠王与公孙衍的阴谋诡计。

将秦惠文王拉回现实的人便是张仪。张仪师从鬼谷子。饱读诗书、满腹韬略的张仪完成学业归来，却满是现实的壁垒，因为家境贫寒，更没有结识达官贵人，根本没有办法入仕为官，大展宏图。

张仪见在秦国谋职不成便去了楚国，前去投奔楚相昭阳。

这日，楚相昭阳宴请宾客，张仪也在其中。昭阳有一国宝，乃是众所周知的"和氏璧"，这宝贝怎么在昭阳手中？原来，昭阳领兵获胜，楚威王心花怒放，便将"和氏璧"赏赐给了他，这是一份巨大的荣幸。

有了这份荣幸，昭阳不免要在席间拿出这"和氏璧"炫耀一番。"和氏璧"在众宾客手中传来传去，众人皆赞不绝口。怎知，就在这传送的过程中，这"和氏璧"竟然不翼而飞了，本是皆大欢喜的宴会，竟然被愤怒、惊恐所取代。

　　东西丢了，自然掀起了轩然大波，这东西必然会在在座的各位囊中，那么是谁拿了呢？在没有证据的情况下，众人将怀疑的目光转向了张仪。在座各位中，只有张仪家境最为贫穷，最有可能贪恋这价值不菲的宝贝。在一番威逼利诱之后，张仪仍旧一口咬定没有拿"和氏璧"。

　　愤怒的昭阳便以大刑伺候，张仪被打得遍体鳞伤，却仍是咬紧牙关，不肯屈打成招。昭阳见张仪如此决绝，既敬重张仪是条好汉，又不想闹出人命，便放了张仪。

　　张仪回到家中，并没有因为满身的伤而有好的待遇，家人对他冷眼相看，就连他的妻子也讥笑他。对于妻子的讥讽，张仪并不在乎，反倒问妻子道："视吾舌尚在不？"他的妻子一脸苦笑，答："舌在也。"张仪大叹一口气道："足矣。"

　　这一段话在旁人读来甚是可笑，但是这正表明了张仪对自己的信心，只要有舌头在，天下之大，怎能没有一席之地？

　　张仪在家休整了半年，身上的伤大愈。这半年里，无论家人怎样讥讽，都没有让张仪丧失斗志，一蹶不振下去，相反，这半年成了张仪养精蓄锐的大好时机。

　　张仪的同门师兄苏秦，此时正值发迹，在赵国颇有威信。苏秦主张合纵抗秦，意图在秦国安插一个内应，知张仪有奇才，便想让张仪入秦，但唯恐张仪不乐意，便安排了一场以张仪为主角的好戏。

　　这日，一个友人来到张仪家，对张仪道："子始与苏秦善，今秦已当路，子何不往游，以求通子之愿？"穷途末路的张仪找到了一根救命稻草，便想拼命抓住，他也不迟疑，翌日启程，前往赵国投奔苏秦去了。

只是，张仪来了以后，苏秦不好生接待不说，还将其晾在一边，让其吃仆人吃的饭菜，百般侮辱他。受尽屈辱的张仪斗志一下子燃烧起来。师出同门，竟然有如此大的差距，张仪怎能甘心？

张仪收拾行囊，再次前往秦国，这一路上竟然有人将其照顾得无微不至。原来，苏秦所为就是要激起张仪的斗志，张仪对苏秦的苦心感激涕零，心中有了报答的决心。

这一次来到秦国，张仪的运气不错，恰逢秦惠文王招纳贤才，张仪在众多贤士中脱颖而出。秦惠文王拜张仪为客卿，让其参与朝政大事，这对张仪来说是莫大的荣誉。张仪也不负所望，初入秦国，便拆穿了公孙衍进攻西戎的计谋。

张仪认为，秦国与魏国虽然修好，但是果真要寄托于这样的关系必然是要吃大亏的。魏国四面受敌，内忧外患，正是秦国攻打它的好时机。相反，若是向西攻打西戎，魏国稍得喘息，难免会乘人之危，这样的话就得不偿失了。

听完张仪的一番高论，秦惠文王如梦初醒，差点酿成大错。此事之后，秦惠文王对张仪更加亲近，而公孙衍则备受冷落，张仪的时代来临了。

一张嘴说动一个国

担任秦国客卿以后，张仪的韬略慢慢展现出来，秦惠文王对他也愈加信任，让其直接参与朝政。此时的张仪却饱受着内心的煎熬，聪明如张仪，自然知道苏秦将自己送来秦国的目的，然而，转念一想便是秦惠文王那满是期待的眼神，这种进退维谷的境地真是让张仪左右为难。

张仪不过是苏秦安插在秦国的一个卧底，苏秦一向主张合纵，联合各国共同对抗不断强大的秦国，将张仪送往秦国是他的一步棋，待张仪取得秦惠文王的信任，便可里应外合，起到事半功倍的效果。

但是，事实证明苏秦的这步棋是一步臭棋，饱受煎熬的张仪必然会选择一条利己的道路。报恩只在一时，不可能一世。苏秦的恩情，张仪只是以暂时不去算计赵国来报答，除此之外，张仪的心思便留在了秦国。

站在张仪的立场，忠诚于秦国是一个不错的选择，毕竟秦国是一个可以施展抱负的大舞台。张仪空有满腹才华，无处宣泄，这么一个千载难逢的大好机会，他不会错过，也不能错过。

张仪用现实渲染，融入秦国的现状，拿出了一个帮助秦国破坏六国合纵的连横战略，这个策略正好是针对苏秦的合纵。

苏秦搬起石头砸了自己的脚，有些懊恼了，张仪却已经在秦惠文王给予的平台上施展着自己的才华了。如何破解六国合纵是当前迫在眉睫的难题，张仪也不食言，暂时没有打赵国的主意，毕竟还有苏秦的一份情谊在。

六国同盟形成了一个坚固的链条，要打破这样一个链条，需找到一个薄弱环节，从中将其截断，然后各个击破。张仪把矛头指向了自己的家乡——魏国。此时的魏国兵力大减、士气低落，可谓是内外交困。另外，魏国还是秦国的邻国，秦国若是舍近求远，攻打其他国家，恐怕魏国会乘人之危。还有一点，魏国毕竟是昔日大国，若不趁其虚弱之时给予重挫，恐怕日后留有后患，更难以对付。

公元前 328 年，张仪在做足了准备之后领兵攻打魏国蒲阳，蒲阳被攻下，张仪却做了一个让众人大跌眼镜的决定。

张仪向秦惠文王进言，将蒲阳归还魏国，以此为诱饵，获取更大的利益。这样的决定在当时朝中犹如巨石一般激起了层层波浪，更多的是不解与鄙夷。对于张仪来说，却是毋庸置疑的肯定，张仪有信心凭借他的三寸不烂之舌，定可以捞取更大的利益。

秦惠文王将此事交给张仪全权处理，并未过多干涉。可以想象，秦惠文王的这份信任，只会让张仪更加卖力地为其效力。蒲阳归还魏国以后，张仪便进入魏国，要挟更大的利益。

魏国战败，魏王正为丧失蒲阳而心痛时，却又听闻秦国将蒲阳归还了。魏王首先的反应便是惊喜，但是惊喜过后，紧接而来的却是一股不祥的预感。魏国与秦国相邻，素来为土地争得死去活来，两国的战争持续了几代人。此次，秦国却大发慈悲，将得来的战果返还，必然有着其他意图。

魏王所想很快得到了证实。这日，魏王正在与群臣设宴，却听人来报，张仪带着公子繇来到了魏国，这犹如一声霹雳，正好击中了魏王的要害。

互换质子，这看似交好仍然不能掩盖表面之下的尖锐矛盾，而一旦沦为质子的人，便是生死未卜的结局。

秦国获胜，却又是赔地又是送质子，这样的做法对于秦国来说，简直就是天大的屈辱，但是，从张仪的长远之策看来，要放长线钓大鱼就必须要付出一些代价。

张仪背负任务而来，自然不肯懈怠，见到魏王一番寒暄过后，便切入正题。张仪滔滔不绝，满口的大道理，魏王被张仪牵着鼻子走却不自知。

张仪的自信让魏王不得不正视现实，秦国是一个劲敌，要与秦国对抗不是一朝一夕的事情，而听张仪言下之意乃是两国交好，对于已经一蹶不振的魏国来说，这自然是一件求之不得的好事。但是，张仪的一句话，魏王可是听得清清楚楚，"秦王之遇魏甚厚，魏不可以无礼"。

张仪的这种说法确实有些无赖行径了，说起秦王的礼遇，那自然是将蒲阳归还魏国。但是话又说回来了，这蒲阳本就是魏国所有，秦国却反过来又说礼遇甚厚。

心动的魏王，试探着向张仪询问当如何报答秦王的厚恩。大鱼已经上钩，张仪心中一喜，却不露声色。张仪心中早有应对，便娓娓道来，秦王喜好土地，投其所好，给予一部分土地，秦王定然会喜不胜收，日后，合力征讨其他诸侯国，魏国的好处自然更是少不了。

魏王心中七上八下，对于土地他同样也是吝啬的，但是若真能如张仪所说，与强秦结好，共夺其他诸侯国的土地，那时候所得的土地，恐怕是难以丈量了。况且，此时若不应允了张仪，恐怕后果更为严重。

魏王这样想着，心中便释然了许多，慷慨地将上郡与少梁两地献给了秦国。皆大欢喜，张仪乐呵呵地回到秦国。

魏国献上郡与少梁的消息传到秦国，秦惠文王惊喜万分，对张仪更加赏识了。张仪从魏国归来，秦惠文王亲自迎接，并将其提拔为丞相，这可是莫大的荣誉。秦国丞相之位一直空缺，秦惠文王今日破天荒地将张仪推到这样的位置上，真是令张仪受宠若惊。

公孙衍的合纵

张仪屡立大功，成为秦惠文王的新宠，可谓是春风得意。那曾风光一时的公孙衍颇有谋略，却备受冷落，不久毫不留恋地离开秦国，去了魏国。

公孙衍来到魏国，魏惠王便任其为相，被秦人冷落的公孙衍受到如此礼遇，必然尽其所能，以他对各国形势的认识与了解，很快便提出了合纵的外交战略，这一战略把矛头指向了秦国。

张仪登上丞相之位，便积极为连横而奔波。张仪的首要目标便是魏国，魏国是秦国出关的第一道障碍，必须搬走这块绊脚石，以后一统天下的路途才会更加平坦。

此时的魏国已今非昔比，在屡战屡败之后，士气低落，到了几近衰竭的地步。魏国的大片国土被迫割让给秦国，使得秦国打开了入主中原的门户。与此同时，魏国的政局极为不稳定，可以说公孙衍来到魏国以后，见到的是一个内忧外患、百孔千疮的局面。面对这样一个国力衰竭的境况，要想单打独斗，独自与逐步崛起的强秦相抗争，那真是难于上青天。

鉴于此，公孙衍试图拉拢别国，共同对抗秦国。秦国一统天下的野心已经初露端倪，对于其他的诸侯国来说，但凡眼光长远者，必然会懂得团结自保的道理。道理很简单，做起来却没有那么容易，公孙衍的合纵之路走得异常艰难。

秦惠文王十三年（公元前325年），公孙衍入齐国，见到齐国大将田朌，向田朌推广他的合纵政策。

田朌是一个有远见的人，二人相见恨晚，一拍即合，当即决定共同攻打赵国。

但是，美好的愿望成为现实还需要一个艰难的过程。这二人虽然身处万人之上，但毕竟还得有更大的主子罩着，出兵与否也不是他们能够拍板的。

公孙衍知田朌为难，便说道："请国出五万人，不过五月而赵破。"五万兵力就要破赵，田朌听着有点不靠谱，公孙衍说得却是简单轻松而又信誓旦旦。田朌有些迟疑，事情恐怕没有公孙衍说得那么容易，想到这些，田朌的眉头越皱越紧了。

公孙衍看着田朌的表情变化，已经明了田朌心中的顾虑，便走到田朌身侧，一番低声窃语，如此这般一番，田朌恍然大悟，连连点头称是，片刻工夫，便额头舒展，喜上眉梢了。

原来，公孙衍早就有了细致的打算，攻打赵国当然不是一件容易的事情，岂是靠五万兵力一朝一夕就能够攻下来的？但是，若是当真将这些实情告诉国君，国君掂量轻重恐怕会有畏惧而不敢出兵。若当真如此，此计谋便不能得逞，只能付诸东流了。

公孙衍的目的是让魏国、齐国的国君出兵，为了达成这样一个目标，他必须将事情说得轻巧简单，一旦出兵，就如同泼出去的水，再也收不住了，而这个时候在战场上出现了危情，国君就不得不再次出兵援助。

公孙衍与田朌商讨一番，便各自劝谏国君出兵攻打赵国去了。诚如他们所料想的那样，两国国君见形势如此乐观，便应允了出兵之事。如此一来，两国国君便走入公孙衍、田朌二人设好的一个不得已的圈套之中。

两国国君出兵以后，形势并非如他们听到的那样，但是，继续增兵支援是他们唯一的选择。齐、魏两国联军兵分两路，左右包抄，战争形势迅速好转，赵将韩举被田朌生擒，平邑、新城迅速被占领，而公孙衍则一路长驱直入，势如破竹，赵国大将赵护成为俘虏。

联军凯旋，一场漂亮的大战让两国国君忘却了公孙衍、田朌谎报军情的事实，公孙衍的合纵政策取得了初步成功。公孙衍干劲十足，立即着手准备下一轮的合纵，他的下一个目标是把楚国拉入阵营中来，却不料事情有变。

公孙衍的合纵政策初战告捷，这引起了秦国的高度警惕，张仪的敏锐度尤为高，齐国、楚国、魏国三国一旦联合，对秦国的威胁那是不可估量的，张仪是绝对不允许这样的事情发生的，那只有先下手为强了。

张仪一边命使臣分别前往齐国、楚国拉拢两国，一边亲自领兵攻打魏国。秦国使臣到了齐、楚，会见了两国的大臣，利诱兼威逼，迫使两国断绝与魏国的友好关系，转而亲近秦国。在军事上，魏国节节败退，无奈之下，不得不向秦国靠拢。

合纵再起

在张仪的一番游说之下，事实非常残酷地摆在了眼前，而硬拼蛮干注定是于事无补的，在这种境地之下，魏王屈服了。张仪作为牵线者，充当了使者的角色，通过张仪，魏国与秦国站在了同一个战线。

魏王被迫屈服，却有他自己的打算，那就是利用秦国的力量来抵挡齐、楚两个大国。事实证明，魏王的如意算盘跟秦国的意图背道而驰。秦国关心的只是它的连横，魏国只是第一步棋，接下来就是吸收韩国乃至更多的国家加入它的阵营。事实确也如此，韩国很快也加入了它们的阵营。

魏国、韩国被拉入同一阵营，秦国将下一个目标投向了齐国。齐国、楚国是可与秦国同日而语的大国，在尚能够与秦国对抗之前，它们自然是不肯轻易投降的。

秦国要攻打齐国，需途经魏国、韩国，而将这两个国家拉入自己的阵营，已经为攻打齐国铺好了路，对于秦国来说，这是一场志在必得的战争。但是，在齐国顽强的抵抗之下，秦军大败，这样的结局是秦国始料未及的，随之而来秦魏同盟也开始动摇。

秦国战败，是张仪连横政策的一大失败，魏国境内主张合纵政策的势力见有机可乘，又纷纷抬头，活跃起来。

自从张仪掌权，以公孙衍为首主张合纵的谋士便低调行事，伺机东山再起。此次，连横遭遇挫折，给了他们机会，魏国境内有一批主张亲齐的势力活跃起来，而与此同时，齐国、楚国也要求驱逐张仪，再谈合纵。

公孙衍见有机可乘，再次站了出来，准备给张仪一个下马威，将其赶走，为此，公孙衍开始了造谣生事的一系列举动。公孙衍先是秘密派人到韩国，送去了机密小道消息，秦国、魏国结盟的真正目的是联合起来，共同对抗韩国。这一消息犹如一块巨石，在韩国激起了千层浪，人心躁动起来。

公孙衍所说虽无真凭实据，却也并非空穴来风，因而十分具有说服力。秦国野心勃勃，路人皆知，其问鼎中原的志向已经不是什么秘密了。多年来，秦国均未能如愿，不过是因为秦国地处关内，外有大国魏国阻挡，现今魏国虽然威风不如往日，但是有魏国这块绊脚石存在，秦国入主中原的日期就得推迟。

韩国重臣公叔本就不赞成与秦国结盟，这下更有了反对的理由，韩国境内驱逐张仪的呼声高涨起来。公叔在与公孙衍的频繁交往中。对公孙衍的才华十分赏识，常常宴请公孙衍，商讨国家大事，有委以重任的趋势。

公孙衍针对韩国的处境，提出了保韩国的万全之策，第一步就是拆散秦国与魏国的联盟。秦、魏联盟一旦被拆散，韩国就安全了，因为如此一来，魏国无暇自顾，根本无力攻打韩国，而秦国出关又有魏国抵挡，也无法攻打韩国，这可谓是针对韩国与周边形势提出来的一个上策，韩宣王也不禁叫绝。

韩宣王认定了明确的目标，便马不停蹄为之奋斗。他将国家重任委以公孙衍，随后又任其为相国，全权办理外交事务。公孙衍大显身手的时候到了，他将一贯倡导的合纵政策再次拿上台面。此次，他的意图是首先拉拢齐国，齐、韩结盟以后，凭借齐国、楚国的铁杆关系，楚国必然也会加入进来，赵国、燕国自然也会很识相地尾随而至。这一计策不仅完美，而且可行。

其实，不需要公孙衍的拉拢，齐国、楚国就已经与秦、魏联盟势不两立了。秦国、魏国的结盟，让齐国、楚国甚是不安，对他们来说，一个秦国就已经难以应对，再加上魏国可谓是雪上加霜。齐国、楚国公开反对张仪，要求公孙衍担任魏国丞相，在这样的呼声之下，魏王开始动摇。

面临这样的压力，张仪知道已经大失君心，唯有加快让魏王投向秦国的进程。面临张仪咄咄逼人要求魏国投降秦国的建议，魏王更加反感，不满情绪终于爆发，最终下令驱逐张仪。

入魏四年之后，张仪在一阵唾骂声中灰溜溜地回到了秦国。在秦国张仪仍是一个香饽饽，依然受到秦惠文王的重用。尽管遭到暂时的失败，张仪发扬连横的决心仍然没有改变。

秦国见张仪的连横政策没能奏效，软的不行只能来硬的了，秦惠文王出兵攻打魏国。秦军气势汹汹，以咄咄逼人的姿态开进魏国，这个时候，公孙衍挺身而出，再倡合纵，这一主张立即得到了东方各国的支持，毕竟，再不联合起来，就都只等亡国了。

公孙衍一时之间成了人人敬仰的大人物，齐国、楚国、赵国、燕国纷纷宴请他参与政事决策大事。魏王见形势如此，也不甘于人后，对公孙衍的态度来了个大转变，让其主持魏国政事，并授予丞相一职，公孙衍春风得意，往来于东方各国之间，均被视为上宾，一时之间好不得意。

在公孙衍的倡导下，东方各国的合纵联盟再次形成，此次联盟有六个国家：楚国、齐国、赵国、韩国、燕国、义渠。话说义渠，乃是西方少数民族政权，与秦国相邻，两国时战时和，关系十分不稳定。当年义渠内乱，秦国趁此时机攻入义渠，一举拿下，自此义渠成为秦国的属地，但是这种隶属关系同样是十分不稳定的，秦国不得不随时应对义渠的叛乱。

公孙衍能够将义渠拉入六国阵营，这是非常有战略意义的一步棋。义渠在秦国后方，秦国东进不得不有所顾忌，而东方各国又可与义渠形成东西夹击之势，对秦国是一个重大的威胁。

六国同盟以楚怀王为合纵长，初具规模，公孙衍的合纵政策小有成就。但是看似强大的联盟实质上矛盾丛生，这便注定了此次合纵的结局。

团结才有力量

秦国已经在函谷关做好了应战准备，而合纵同盟这边仍旧没有做好出兵的准备，究其原因仍是"利益"二字。各国利害不同，各国君主又有各自的打算，所以没有触及实际利益，而又不是那么迫在眉睫的诸侯国均不愿意多出兵，这样同盟之间互相推诿，人心涣散，成了一盘散沙，迟迟难以集齐军队出兵。最终，战场上的有生力量也只有韩国、赵国、魏国的军队而已。

在漫长的整军之后，联军出发了，浩浩荡荡赶往函谷关，却被早已等候的秦军当头痛击，联军组织混乱，不堪一击，一时之间便失去了纪律，落荒而逃者、踟蹰不前者不计其数。诸侯各国均不愿意多出力，各国之间的矛盾更加尖锐，反倒是自乱了手脚。

魏国损失惨重，不愿意再战，便转而向秦国求和，其他五国见此也不再恋战，纷纷撤退，联军最后竟然演化到了不攻自破的境地，真是可悲。

楚国作为实力最强者，而楚怀王又作为合纵长，却没有撑起大旗，起到顶梁柱的作用。其实，在被授予合纵长这样的荣职之后，楚怀王的态度是非常积极的，楚国抵抗秦国的决心也是非常坚定的，但是随着战争形势的发展，失利的趋势越来越大，楚怀王不得不优先为自己的国家考虑。

在这样的关键时刻，主事的魏国、楚国先后退缩，向秦国竖起白旗，摇尾乞降，韩国、赵国均是不能与强秦相匹敌的小国，这样的形势就注定了联军的失败。六个诸侯国，这是一个非常强大的实体，若是论实力，秦国焉能相比？但是失败的结局明明白白摆在了那里，这其中道理无外乎各自为政，不能团结。

面临惨败的结局，六国本当反思，但是，让人遗憾的是战败之后，联盟之中充斥的满是投降的气息。不过这其中也有特例，那就是赵国。

赵国不肯求和，战争仍在继续，这个时候出现了极其戏剧化的一幕。秦国继续追击赵国，而本是合纵同盟国的齐国竟然也加入攻打赵国的行列，这样一来，形势全乱了，合纵同盟竟然自相残杀了。

齐国为什么在赵国落难的时候雪上加霜？这其中缘由不过就是想从中分一杯羹，夺取赵国一块领地罢了。齐国与秦国一向势不两立，都有争夺霸主的野心，一山不容二虎，两国均在扩张领地，强国壮兵。

赵国本就势单力薄，哪里招架得住两个大国的进攻，最终还是屈服了。最为顽强的赵国投降了，六国合纵联盟彻底宣告失败。

韩国来了公孙衍

六国合纵失败以后，魏国境内的形势变化对公孙衍非常不利，魏襄王的失望，政敌的中伤，以及权力的丧失，让公孙衍倍感压力。面对这样的情形，公孙衍已经没有反驳的资本了，毕竟失败在先，怨不得旁人指责。

大臣田需素来与公孙衍不和，见公孙衍失宠，便落井下石，暗中向魏襄王进言，多次指责公孙衍。而田需的党羽以及公孙衍当政期间曾与他有过过节的人，也纷纷站出来指责公孙衍，如此一来，魏襄王对公孙衍不但不信任，还开始有了反感。魏襄王将魏国大权转交田需，公孙衍失势，知道在魏国待不下去了，公孙衍不得不为自己谋求出路。

公孙衍打算到韩国去，一方面韩宣王对他非常赏识，另一方面公孙衍与韩国大臣公叔有些交情，所以在韩国也许能够谋得一份好差事。公孙衍是个有仇必报、恩怨分明的人，在走之前，还要办一件事情。

因为田需的指责与中伤，使得公孙衍失去了魏襄王的信任，遭遇众人的白眼，这个仇，公孙衍不得不报。公孙衍一走，田需必然继任丞相一职，掌握魏国大权，所以必须给他树立一个强有力的对手来阻止他美梦成真。

公孙衍想到一个合适人选，此人是齐国公子田文。公孙衍向魏襄王进言，以田文接替自己担任丞相一职，魏襄王欣然应允。魏襄王对公孙衍已经失去信任，为何能够采纳公孙衍的进言？田文是齐国公子，若能以他为宰相，必然能够得到齐国的支持，这对于已经百孔千疮的魏国来说，是一件好事，魏襄王何乐而不为呢？

魏国这边，公孙衍完成了交接，而韩国那边，丞相之职已经为公孙衍准备多时。公孙衍轻装上路，虽然遭遇排挤，但是报了中伤之仇，已经令公孙衍一扫阴霾，投入新一轮的战斗中去了。

事实证明，正如公孙衍所安排的，他的政敌田需的好日子没有如期到来。田文虽然在此之前并没有什么名气，但是"孟尝君"的美名终究播扬天下，而田需也始终未能超越。

公孙衍抱着合纵的梦想，来到韩国之后，依旧开始策划新一轮的合纵计划。

公孙衍以最快的速度投入合纵运动中，其决心之大，让秦国倍感不安。因此，秦国在修鱼大败合纵联盟之后，继续进攻韩国。作为韩国丞相，公孙衍担起了顶梁柱的重担，领兵与秦军相抗。

两国开战以后，韩国明显处于弱势地位，此时六国仍是同盟，却没有一个诸侯国出兵相助。战败的消息接二连三传来，韩国内部出现了投降的声音，公孙衍见已经无力回天，也便不抱任何希望了。随着形势的发展，韩国内部投降的声音已经成为主流，韩国大臣公仲朋主张以割地来换取和解，并决定与秦国一同伐楚。

韩国要投降并打算伙同秦国一同出兵楚国的消息传到楚国，正在一旁看热闹的楚怀王万万没有想到，火势已经扑向了自己这边，连忙召集大臣商讨应对策略。这般那般讨论之后，终于定出了一个完美计谋，对于楚国来说，这确实是一个不错的策略，同时，也意味着韩国策略的失败。

楚怀王派使者到韩国，告知韩宣王楚国要出兵救援韩国，一同对抗秦国。楚怀王让士卒、战车伪装整军待发，做出了出兵的姿态。楚国是个大国，韩宣王以为有了楚国作为倚靠，可以不用仰仗秦国，便取消了与秦国割地求和的计划，在战场上继续与秦军周旋。

秦国被韩国狠狠地玩了一把，本打算收兵的秦王对韩国发起了更加猛烈的进攻。而楚国那边，只见有出兵的打算，却迟迟不见援军到来，韩宣王才知道掉进了楚怀王的陷阱。但是，这个时候若是再向秦国提割地求和的事情，似乎已经为时过晚了，只有硬拼死扛。两军相持一年多，韩军再也没有余力支撑，狼狈不堪，步步退让，终以失败告终。

对于公孙衍来说，这无疑又是一次难以承受的打击，无情的失败让公孙衍再也没有颜面在韩国待下去了，公孙衍再次回到魏国。魏国大臣之中不乏对其怨恨者，现在公孙衍灰溜溜地回来了，自然不会得到好脸色。

公孙衍与大臣陈寿积怨甚深，田需为置公孙衍于死地，便命人将陈寿杀死并嫁祸给公孙衍，公孙衍无力反驳，只能蒙受不白之冤，后被处死。

公孙衍死了，合纵战略终以失败告终。

秦武王的彪悍人生

秦国蒸蒸日上，野心勃勃的秦惠文王据有巴蜀，打开了楚国的西南大门，一步一步向他的一统天下的梦想前进着，蜀地却在这个时候发生了叛乱。秦国安插在蜀地以监视蜀侯的蜀相陈庄发动叛乱，拥兵自重的陈庄杀死蜀侯，还向秦国邀功，请求封赏。眼见陈庄在蜀地作威作福，俨然成了蜀国新主，而脱离秦国附属的趋势也日益显现，秦惠文王甚是担忧，这是一颗眼中钉，必须拔除。

巴蜀的战略位置十分重要，此地在楚国的后方，可方便对楚国形成包抄之势，此外，此地山川险要，易守难攻，一旦失去，再想夺回，如果没有恰当的机缘，将是非常困难的。对于蜀地的叛乱，秦惠文王十分重视，正准备对其用兵，却病倒在床。秦惠文王这一病，就再也没有起来。

病榻之上，秦惠文王交代后事，立下遗嘱，然后一命呜呼。公元前311年，秦惠文王去世。

秦惠文王死后，秦国崛起之路并没有因此而止步。依照秦惠文王的遗嘱，太子继位，是为秦武王。

秦武王登基之时，齐国、楚国、韩国、魏国、越国纷纷派使臣前来祝贺，各国使臣奉命而来，名为祝贺，实则各怀鬼胎，互为牵制，伺机而动。

秦武王虽年幼，却已不是一个一心贪玩的孩子了，况且还有身边诸多谋臣的辅佐，对于各国心思，秦武王也是略知一二的。对于这场各国使臣俱赴的盛宴，秦国有自己的打算，各国使臣纷至沓来，恰为秦武王提供了一个联络有利诸侯国对抗共同敌人的机遇。

秦武王首先将目标投向了越国，作为春秋时期的最后一霸，越国虽然在进入战国以后未能进入七雄榜单，但它的实力仍旧不容小觑。作为东南地区第二大国，越国与楚国的恩怨便不言而喻了。

楚国和越国在东南分庭抗礼，楚国一心想要吞并越国，而越国也意图蚕食楚国，取代楚国的位置。但是，两诸侯国相抗多年，双方各有胜负，吞并蚕食彼此的愿望也一直没有实现。多年的敌对，让这两个诸侯国成为世仇，鉴于此，秦武王准备抓住时机，再给楚国一次重击。

越国使臣来到后，秦武王将其视为上宾，并亲自接见。越国虽大，但远不及秦国，越国使臣能得到如此待遇，可见秦武王的重视程度之大。秦武王与越国使臣大谈天下形势，再叙秦国与越国旧情，最后秦武王提出结盟共攻楚国的提议，此提议一出，便得到了越国使臣的赞同，最后，越国与秦国达成共识，共同夹击楚国。

楚国的危机解除，韩国、魏国虎视眈眈，妄图趁秦国新君初立，政局变动之时攻打秦国。对于这一危机，秦国将如何化解关系重大。秦武王首先与齐国搞好关系，对齐国处处拉拢。其实，自从齐楚同盟破裂以后，齐国已经逐渐倾向于秦国。在与齐国搞好关系的同时，秦武王还让叔父樗里疾接待韩国使臣。

至于为什么让樗里疾接待韩国使臣，这里面大有文章。樗里疾是秦惠文王的异母胞弟，他的母亲是韩国人，因为这层关系，樗里疾承担起再叙秦、韩之好，拉近与韩国的关系的作用。

对于魏国，秦武王拉拢齐国共同向其施压，如此一来，魏国也不敢轻举妄动了。秦武王通过一系列的外交活动，终于稳住了周边各国。当然，这些只是缓兵之策，并不能从根本上杜绝外患，但在秦国新君初立之时，处理好与周边各国的关系，为秦国稳定国内局势争取了足够的时间。

秦武王在继位之初，就通过外交手段拉拢各国，免去了秦国遭遇别国乘人之危的险况。一个不满二十的少年能做到如此，不免让我们生出赞叹之情。

秦武王是个尚武主义者，此人威猛雄壮，史称有神力，这是秦武王非常值得炫耀的绝技。

秦武王有神力，便常常以比试力气为乐，对于同道中人也是惺惺相惜，或者将其提拔为将领，或者将其置于身边，这在中国历史上也算是一朵奇葩了。在此我们不得不说说乌获、任鄙与孟贲（字说）这三人了，《史记·秦本纪》有记载："武王有力好戏，力士任鄙、乌获、孟说皆至大官。"乌获、任鄙、孟贲三人均因为力大无比而被武王重用。

息壤之盟

秦武王继位以后，以羁縻拉拢的办法暂且稳住了周边各国。待秦国政局稳定，秦武王往东进入中原，建立中原霸业的野心日益按捺不住，便把眼光转向了周边各诸侯国。

占据中原，取代周王朝，建立一统天下的大业是秦国的终极目标，为了实现这个目标，秦武王首先瞄准了宜阳。宜阳是韩国的战略军事要地，同时是周王朝的都城洛阳的门户，得宜阳，便能够同时威胁韩国与周天子，是一箭双雕的好事。

其实，在秦惠文王时期，谋臣张仪就曾经提到过往东攻打宜阳的战略，只是当时正赶上巴蜀相争，秦惠文王权衡利弊，便将主要力量放在攻打巴蜀上，张仪的策略没有得到重视。随着形势的发展，秦国占据了巴蜀，稳固了战略后方，这为秦国往东发展势力奠定了良好的基础。

一天，秦武王召集群臣，商讨下一步的战略方向问题。秦武王说，我想要攻打三川（三川是韩国一地名，指宜阳），取代周王室，若是当真能够如愿，那么我死了也算是值了。

群臣听后无不点头称赞秦武王的抱负之大，但是当秦武王问及谁能担当此大任时，朝堂顿时安静下来，这让秦武王非常恼怒。秦武王将目光转向右丞相樗里疾，意图让其承担起大任。但是，让秦武王失望的是，樗里疾并不赞成攻打宜阳。

樗里疾年纪较长，考虑得周全而保守。其实他的顾忌也不是没有道理，宜阳既然是韩国的战略要地，韩国必然会重兵把守，还要考虑到的是，秦军入宜阳，路途遥远，路况险恶，这一路下来，士卒劳累，马匹疲惫，必然会消耗巨大的体力，一旦与韩国交战必然占不到优势。更为严重的是，若是魏国、赵国这个时候也来插一脚，那后果就不堪设想了。

秦武王一心想要出兵建立功业，对樗里疾所说的这些，并没有耐性考虑，便极不耐烦地打断了他的话，又将目光转向了左丞相甘茂。所幸，甘茂没有让秦武王失望，关于攻打宜阳，甘茂提出了自己的主张。

依照甘茂的谋略，要攻打韩国，就必须孤立韩国，防止因其他国家的支援而对秦国造成夹击之势，而此时能够向韩国提供支援的只有魏国与赵国。赵国与韩国之间有魏国相隔，一旦魏国按兵不动，赵国必然也不会有所作为，所以当务之急只有一个，那就是破坏韩国与魏国的联盟。

对于甘茂的分析，秦武王甚是赞同，所以下一步的目标非常明确，就是拉拢魏国，那么谁来完成这个任务呢？甘茂义不容辞地将此重担揽下了。

甘茂收拾好行囊，在向寿的陪同下出使魏国。到了魏国以后，还未受到魏国接待，甘茂就告诉向寿说："子归告王曰：'魏听臣矣，然愿王勿攻也。'"在还未见到魏王之前，甘茂就如此说，令向寿非常不解，这可是欺君大罪，向寿有些犹豫，但又不敢直言。甘茂见此，又道："事成，尽以为子功。"甘茂这话说得非常坚定，让向寿看到了希望，所以没再多问，便依照甘茂所言回去将甘茂所说原封不动告诉了秦武王。

甘茂归来，秦武王前往息壤迎接。令秦武王疑惑的是，既然后顾之忧解除了，为什么却不去攻打韩国呢？君臣相见，一番寒暄之后，秦武王便将心中疑惑说出。

诚如樗里疾所顾忌的，对于攻打宜阳的难度，甘茂也预料到了。对于这样一个重镇，秦军不远千里去攻夺，这必定是一场持久战，久攻不下，必然有人进言，并且樗里疾本就与韩国有着千丝万缕的关系，如此一来，对作为盟国的魏国无法交代，而甘茂本人还要遭遇韩国的怨恨。

对于秦武王，甘茂认为他的信念也是不够坚定的。甘茂接下来举了一个曾子与曾母的例子。

最后，甘茂得出结论：人言可畏，母亲与儿子关系亲密如此，也经不住旁人一而再再而三传言。而甘茂不过是寄居在秦国，与秦武王的关系更不及曾子与其母亲关系亲近。

甘茂言及此，秦武王已经明白了甘茂的意思，原来甘茂这是在为以后铺路。攻打韩国宜阳是一个艰巨的任务，非一时半刻能完成，时日一长，必然会有闲言，一人谏言也许还能够坚定，但面对多人的谗言，就很容易动摇君心，如此一来，不但失信于魏国，还毁坏了甘茂的个人名声。

秦武王见甘茂考虑周密，频频点头，一时无语，踱步片刻，便对甘茂道："寡人不听也，请与子盟。"意思是，我要与你订立盟约，我不听信别人的议论。秦武王此话一出，甘茂如释重负，这就是他的目的所在，于是二人在息壤订立了盟约，史称"息壤之盟"。

甘茂到了魏国，以共享伐韩之利为诱饵，说服魏王断绝与韩国联盟，转而与秦国结盟，共同攻打韩国。利益之下，魏王屈服，战争一触即发。

甘茂小施计谋，便解除了后顾之忧。对于甘茂缜密的思维，我们不得不佩服，而事实也证明，甘茂有这样做的必要。

秦武王有一项嗜好，那就是与别人比力气。一日，秦武王与随从任鄙、孟贲二人来到太庙，见那九个大鼎在大殿中依次排开，甚是壮观。见到梦寐以求的九鼎，秦武王感慨万分，忍不住上前抚摸，仔细观看。这鼎倒还精致，秦武王两手试探性地一推，竟然丝毫未动，秦武王不禁来了兴致，再用两手使劲一推，仍旧未能动弹半分。

恰逢任鄙、孟贲二人在身边，秦武王比力气的劲头上来了，秦武王走至一个鼎前，转身问身边二人，谁能将其举得动？太庙看守鼎的人见状，不禁窃笑，这鼎重达千钧，就没有听闻过以一人之力徒手将其举动过。

任鄙熟稔秦武王的脾性，知道秦武王争强好胜，况且君主面前怎好争先，便婉言称，自己只能举起百钧重，这鼎看似有千钧，是万万举不起来的。孟贲却不管这一套，毫不谦虚，走至鼎前，挽一挽袖子，一掀衣服，便上阵了。

孟贲抓住鼎两侧的耳朵，闭目调试气息，深吸一口气，大喊一声，只见那鼎徐徐离地，竟然有半尺高。孟贲面红耳赤，恐怕是所有的劲都用上了，半尺之上，再也不能支撑，鼎重重落下，而孟贲不能支撑，幸好有左右相扶，保不准会瘫坐在地上。

孟贲喘息未定，秦武王已跃跃欲试，一侧的任鄙一看形势不对，慌忙上前劝阻。孟贲乃大力士，用其全力尚且只能够举起大鼎半尺，若是秦武王有个什么闪失，他们二人肯定脱不了干系。

然而，纵是任鄙及其随从说破了嘴皮，秦武王仍旧不听，只见他走到鼎前，一个马步抱住大鼎，却发现锦袍甚是不方便，便又站起来，将外面的袍子脱掉，腰中带子扎紧，袖子上挽，再走到鼎前，下蹲，抓住鼎耳，一系列动作一气呵成。

秦武王大吸一口气，丹田已经充满了力道，只见他使出浑身的气力，终将那鼎举起半分，身边人不禁拍手称好，马屁拍得一个比一个好听。

秦武王能举起大鼎，已经体力不支，怎奈好胜心作祟，他仍旧不肯轻易放弃，偏要举着鼎挪动步伐。刹那间，众人还没有反应过来是怎么回事，就听到了秦武王的惨叫声。原来，体力不支的秦武王身子一歪，竟然将鼎压在了自己的腿上，这可非同小可，这鼎重有千钧，非把腿压个骨碎不可。

一片慌乱之中，鼎被移开，只见血肉模糊一片，见者无不心痛。秦武王昏死过去，太医迅速赶来。秦武王终因失血过多而气绝身亡。

季君之乱

秦武王的遗体被送回到咸阳，处理完秦武王的丧事，是该归咎责任、惩处责任人的时候了。

秦武王举鼎之时同时在侧的孟贲、任鄙二人受到了完全不同的待遇，孟贲被五马分尸不说，其族人也被满门抄斩。这真是伴君如伴虎，一着不慎，就遭遇灭顶之灾。任鄙则因为劝谏之功，被升任为汉中太守。

秦武王继位仅三年而已，因为死得突然，也没有立下继承人的遗嘱，况且秦武王还没有生儿育女，所以继承人的问题就成了头等大事。

宫廷内，除个别人仍沉浸在悲痛中外，更多的人已经振作精神，投入新一任的继承人人选争夺之中。秦武王无子，按照宗法制的原则，就只能从秦武王的兄弟之中选择一个人作为继承人，但是，秦惠文王儿子众多，哪一个能够担当此大任呢？

秦国一时之间陷入王位继承人争夺之中，但凡有些实力的皆拉帮结派，希望获取更多的支持者，而没有实力的纷纷投奔到实力派的阵营中，希望能捞个拥立的功劳。

当时，有能力继承王位的主要有两派。一派是以秦惠文王的王后与秦武王的王后为首，她们婆媳二人意图拥立公子嬴壮为王。按说，秦国上下，君主之位的继承人选，最有资格说话的当属秦惠文王的王后，她毕竟是秦武王所有弟弟的嫡母。话虽如此，但兵荒马乱的战国时代，礼仪法度多有荒废，最有发言权的仍是手中掌握实权的人。虽然有册立亲信的想法，秦惠文王的王后与秦武王的王后毕竟是女人，不曾干预过政事，所以并没有实力。

另一派就是以魏冉为首，他们意图拥立公子稷为王。秦武王死之时，公子稷正在燕国做质子，这个不得宠的公子，做梦也没有想到能够登上秦国君主之位。那么，秦武王死后，他为什么能够成为与公子壮相抗衡的实力派呢？这主要得益于他的舅舅魏冉。

公子稷的生母是芈八子，"芈"是她的姓，"八子"是她在秦国后宫中的封号。在秦国后宫，共有八个级别，分别是王后、夫人、美人、良人、八子、七子、长使、少使，这八个级别依次递减，所以"八子"这个级别并不高，而芈八子也并不得秦惠文王的宠爱。

秦武王登上君主之位以后，便将芈八子的亲生儿子公子稷送往燕国做质子。值得庆幸的是，秦武王英年早逝，而公子稷恰恰有个有实力的舅舅，也就是魏冉。

魏冉，历仕秦惠文王、秦武王，手握大权，是芈八子同母异父的弟弟，在这个节骨眼上，必然要站出来帮助自己的外甥了。

随着事态的发展，公子壮在君主之位之争中渐渐处于下风。芈八子与魏冉姐弟二人联手拉拢支持者，打击公子壮的势力，最终排除阻碍，将公子稷立为秦国新任国君，下一步就是将在燕国做人质的公子稷接回秦国。

对于秦国的形势，周边各诸侯国都密切关注，秦国将公子稷立为新君的消息不胫而走，首先向公子稷伸出橄榄枝的是赵国。赵武灵王派丞相赵固前往燕国迎接公子稷，以示友好。而燕国对公子稷的态度也来了个大转变，事事奉承，乐呵呵地放人，大力配合。在赵国与燕国的支持与配合下，公子稷非常顺利地回到了秦国，登上了君主之位，是为秦昭襄王。

秦昭襄王登上君主宝座，因年纪尚小，便由芈八子代为执政，史称宣太后。秦昭襄王能够登上君主之位，全赖于魏冉及宣太后的势力，现下时局稳定，自然要对有功之臣大加封赏。宣太后以秦昭襄王口谕，将她的异父弟弟魏冉封为将军，手握秦国军事大权，守卫秦国军事政治中心咸阳。后来，又将其加封为穰侯，赐封地河南邓县（今河南邓州市）。

魏冉之外，宣太后的另一个弟弟与她的其他两个儿子也得到了赏赐。宣太后同父异母的弟弟芈戎被封为华阳君，而她的两个儿子公子芾和公子悝，分别被封为泾阳君与高陵君。这四人一时之间风光无限，成为拥立秦昭襄王的大功臣。

秦昭襄王顺利荣登大宝，宣太后终于长舒一口气，这么久的策划，终于是没有白费。当他们高枕无忧、荣享富贵的时候，公子壮及其支持者却是咬牙切齿，伺机而动，准备反戈一击，夺回政权。

在秦昭襄王登基的第二年，也就是公元前305年，据史书记载，这一天有彗星出现，公子壮及其跟随者认为时机成熟，悄悄潜入秦国宫廷，准备发动一场里应外合的宫廷政变，但是事情败露了。

当时主持军事的大将军魏冉手下毫不留情，公子壮及其追随者多惨遭杀害，而众多无辜者也多受到牵连。魏冉之意不仅在于杀鸡给猴看，而是斩草除根，斩尽杀绝。

此外，秦惠文王的众多儿子中，但凡不追随秦昭襄王而又有些实力的，均死于魏冉刀下。血腥的镇压，血淋淋的例子，让秦国上下再也不敢有所妄想。而当时的政敌秦惠文王的王后也惨遭不幸，秘密被害。秦武王的王后，眼见形势不对，不敢在秦国久留，趁着月色逃回了娘家。魏冉名震秦国上下，提及他，无人不色变，皆有畏惧之情。

因为公子壮又被称为季君，所以此次政变被称为"季君之乱"。季君之乱为宣太后与魏冉提供了一个铲除政敌的机会，自此以后，秦昭襄王的君主之位坐得更稳了。

黄棘之盟

秦昭襄王继位以后，宣太后成为实际的掌权者，这对楚国来说，是一个让人振奋的好消息，而这也意味着秦国对外政策的一个转机。宣太后作为楚国王族后裔，楚国便是她的娘家，对待这样一个对己有利的娘家，宣太后自然是不会亏待的。

在宣太后的督促下，秦国、楚国冰释前嫌，走入"春天"。宣太后先给自己的儿子秦昭襄王迎娶了楚国的公主，之后便是秦国与楚国的王室贵族的联姻，形成了"秦迎妇于楚，楚迎妇于秦"的喜庆局面。

宣太后的一番努力没有白费，秦国、楚国朝堂之上无不是姻亲关系。在宣太后的心中，唯有秦国利益至上，她所做的不过是为秦国开疆辟土、一统天下做准备而已。

秦国与楚国这种充满亲情的表象关系之下，仍然暗藏着此起彼伏的心机，而两国关系的和解也不过是暂时的，起码对于秦国来说是如此。

对于秦国伸过来的橄榄枝，楚怀王是有些踌躇的，毕竟楚国与秦国的合作并不愉快。况且，就在听闻秦国意图拉拢楚国的消息后，魏国的丞相来到楚国，游说楚怀王共同抗秦，将秦国的狼子野心分析得十分透彻，魏相更是大胆预言，楚国如果背弃抗秦同盟而与秦国结盟，日后必遭秦国所灭。

魏相的这些话虽然不中听，却让楚怀王想起了不愉快的往事。当年，张仪到楚国，楚怀王奉其为上宾，张仪却以六百里商於之地为诱饵，诱使楚怀王与齐国断交，最终使楚怀王落了个两空的下场。而之后，楚怀王再次以汉中之地换取了张仪，却被张仪的花言巧语所迷惑，不顾朝中大臣的反对，一意孤行，将张仪放走了。

这些事实历历在目，让楚怀王不敢轻易有所幻想，毕竟"一朝被蛇咬，十年怕井绳"，对于秦国和解的诚意，楚怀王有些期待，又有些畏惧。秦国是超级大国的事实天下无人不晓，若能够傍上这样一个大诸侯国，楚国获得庇佑不说，也许还能够与秦国分得一杯羹，抱着这样的幻想，楚怀王不忍回绝秦国的一番"好意"。

公元前304年，在秦昭襄王迎娶楚国公主之后的第二年，宣太后命人频繁活动于秦国、楚国之间，商讨联盟之事。对于与秦国的联盟之事，楚国上下议论纷纷，支持之声有之，反对之声亦有之。

支持者多是接受秦人贿赂为其谋利者，而这些人却又恰是楚怀王亲近的人。在这些人的劝说下，没有主见而处于摇摆不定状态下的楚怀王心中开始有了倾向。宣太后知道楚怀王与他信任的人一样，均是贪婪之徒，早就命人打点好了，对于楚怀王身边的人，一些小恩小惠的金银财宝足矣，对于楚怀王，唯有以土地做诱饵，诱使其上钩。

当秦国抛出归还曾经在楚国夺取的上庸之地这样的诱饵时，楚怀王心痒难耐，又恐再次被耍，心中虽然已经应允，却言不由衷假惺惺地支支吾吾并未口头上答应。对于楚怀王的言不由衷，宣太后已经看出了端倪，便又命使者到楚国，使割取上庸的承诺成为事实，给楚怀王吃了一颗"定心丸"。

面对秦国的诚意，楚怀王再也忍耐不住，乐颠颠地接受了秦国送上的"糖衣炮弹"。楚国的有志之士有如屈原竭力反对，多次进言，均遭拒绝。不甘心的屈原不屈不挠，无视楚怀王愤怒的面容，在一次又一次的谏言后，楚怀王实在无法容忍，便将其流放到了汉北地区，这是屈原遭遇的第一次流放。

楚怀王是铁了心自甘堕落于秦国的"温柔乡"，这是任谁也拉不回来的，流放屈原，不只是针对屈原一个人，这是杀鸡给猴看的把戏。这一招果真起到了立竿见影的效果，自屈原被流放之后，朝堂上下再也没有反对之声，楚怀王终于如愿以偿。

公元前304年，秦宣太后期待的一天终于来临了。年幼的秦昭襄王在辅臣的陪同下来到黄棘，会见了在此等候多时的楚怀王。若论血缘关系，这二人还是甥舅关系，但见那作为舅舅的楚怀王低声下气，对年幼的外甥极力讨好，若宣太后在场，目睹这样的场面，不知道做何感想？

秦国与楚国在黄棘会盟，建立了同盟关系，正式昭告天下，楚国真正与秦国站在同一个阵营，这就是"黄棘之盟"。

伊阙之战

通过又拉又打的政策，作为秦国南部威胁的楚国已经完全丧失了生命力，自顾尚且不能，自然也不会有什么大的作为，对于这一点秦国倒是大可以放心。但是作为头号大敌的齐国，秦国则鞭长莫及，毕竟不彻底打通中原通道，秦国纵有百般能耐也是不足以与齐国一争高低的。

解决了楚国这个后顾之忧以后，秦国大举进攻六国的时机也来了。秦昭襄王先把目标转向了魏国与韩国，这两个诸侯国都处于中原要地，要夺取中原，这两个诸侯国首当其冲。天助秦国，也就是在这几年，天下大势发生了翻天覆地的变化。首先，本在同一阵营的齐国与魏国起了争端，处于相持阶段；其次，魏国与韩国相继更换了新君，国内形势尚且不稳定；最后，赵国在经历了赵武灵王的强大之后，陷入内乱之中，而英明一世的赵武灵王却在这场内乱中被活活饿死了。

魏国、韩国局势动荡，这是秦国进攻的一个好时机，赵国自顾不暇，自然也不会插手，而齐国正等着看好戏，秦昭襄王的战前准备紧锣密鼓地进行着。

无论是对于魏国还是韩国，与秦国这一战均是铆足了劲的，毕竟受秦国欺辱多年，总有忍无可忍之时。秦国自从商鞅变法以来，迅速崛起，依靠其强大的实力，在多次战争中取得胜利。

在秦国南部的楚国深受其害，汉中、巴蜀一带均落入秦国手中，最后竟然落得一个楚怀王被囚禁致死的下场，楚国自此一蹶不振，亡国指日可待。

在欺辱楚国的同时，秦国还频频东进，而与之东部相连的魏国与韩国深受其害，以秦国之野心与气势，楚国的今日便是魏国与韩国的明日。秦国势力之大，不是单单一个魏国、一个韩国所能够对抗的。以往的种种结果便是很好的例证，虽然多次抵抗，却多数是以失败结束。失败之后，唯有以土地为求和的砝码，如此反反复复，魏国与韩国的大片土地被秦国蚕食，长此以往终究不是办法。

面对秦国的气势汹汹与咄咄逼人，魏国与韩国走入一个阵营，联合起来，准备以倾国之力给秦国一个反击。魏国与韩国这次抱的希望很大，倾国之力，一旦失败，将如同楚国一般，一蹶不振。

秦国虽然频频东进，其实本身也是危机重重，这主要是源于巴蜀的叛乱。秦国轻而易举收服巴蜀，但是要稳固在此地的统治并不容易。巴蜀少数民族众多，又多彪悍好战，不满于秦国的统治，稍有实力便伺机反抗，而秦国派往的将领又趁机寻求自立，所以巴蜀的战争，一直不曾间断。巴蜀地区制约着秦国大部人马，秦国国内与东进的兵力也就非常有限了。

此次战役，其形势不论是对秦国还是对魏国与韩国均各有优劣，至于其中结果如何，便难以猜测了。

公元前293年，秦国大军浩浩荡荡往中原而去。

韩国、魏国紧急召集了二十四万大军，其中有魏国军队十六万，韩国军队八万，准备应对秦国的十二万大军，这是一个两倍兵力的比例，况且魏国军队中还有部分的魏武卒。这魏武卒在魏国曾经是出尽了风头的，是吴起在世时训练的一支精锐步兵。

魏武卒穿着有三层防护的重甲，手执长矛，背负五十支长箭，操着十二石的弩，随身携带三日口粮，半天就能够走一百里的路程，如此一番劳累之后，还能够迅速投入战争之中，这样的一支军队战斗力是可想而知的。

如今吴起虽死，魏武卒的精神却保留下来了，魏国请出魏武卒，韩国与魏国用这么大手笔，足见对此次战争是十分重视的。这一役，联军的主帅是公孙喜，秦国的领兵将领是白起。

在伊阙之战前，白起不过是秦国众多名将中一个不起眼的小将。

魏国与韩国实力强大，又有魏武卒这样的精锐部队，反观秦国这边，却是不那么乐观的，司马错领兵十万，去平定巴蜀叛乱，秦国还要留兵驻守城池，所以东拼西凑的十二万士卒之中不乏滥竽充数之辈。

秦军与韩、魏联军对峙于伊阙，处于相持状态。伊阙是魏国与韩国的门户，地理位置十分重要。韩、魏联军占领要地，据险把守，在形势上占据了优势。

对于韩、魏联军来说，能够抢占先机，以逸待劳，其优势是十分明显的。其一，秦军远道而来，士卒必然疲惫，韩、魏联军双管齐下，在秦军还未站稳脚跟之时打他个措手不及，必然是不难的。其二，伊阙地势险要，秦国攻城自然不是一日两日能够攻下的，韩、魏联军固守不战，只是拖延时间，直等到秦军弹尽粮绝，趁着这个时机，联军再出击，其伤亡损失必然也是最小的。不论是哪一种方案，对于联军都是有利的。

兵力上强烈的对比，形势上的巨大差距，让白起犯了难。就在秦军陷入进退维谷之时，韩、魏两国却有了异心，两军貌合神离，均有各自保存自身实力之心，在这种情况之下，都不愿意多出一分力。一个军心涣散的组合，是很难打胜仗的。

白起在综观形势之后，做出了集中力量各个击破的决策。白起先将目标投向了力量较弱的韩国。他以少部分兵力在前方牵制韩军主力，然后以主力部队绕到韩军后方，杀韩军一个措手不及，韩军方阵大乱，一击即溃。

魏军见韩军被破，军心不稳，大有畏惧之心，手忙脚乱之下也遭遇惨败。当韩魏联军主力被破以后，联军主帅已经控制不住形势，士卒纷纷溃败而逃。而秦军却士气大振，白起领兵乘胜追击，联军多被歼灭，主帅公孙喜成为俘虏。

伊阙一战，白起领兵以少胜多，声名大噪，韩、魏两国元气大伤，被迫割地求和。

苏秦的棋盘有多大

一番"锥刺股"之后，苏秦带着满腹的学问来到燕国，终于找到了适合自己的舞台。在这个大舞台上，苏秦倾其所学，立誓要闯出个模样来。苏秦上任之初，出使齐国，以三寸不烂之舌不费一兵一卒就让齐宣王归还了燕国的十座城邑。

在与燕昭王彻夜长谈以后，苏秦越发干劲十足。燕昭王看在眼里，记在心里，对苏秦更是信任有加，这让苏秦春风得意。

一个优秀的说客善于察言观色，在洞察了燕昭王想要报复齐国的意图之后，苏秦便开始动起了脑筋。

燕昭王岂能够忘记齐国给予的奇耻大辱？自己的父亲惨遭杀害，而燕国刚立的新君被剁成了肉酱，齐国的铁骑踏过了燕国的整片领土，人民惨遭蹂躏，亡国之恨，燕昭王时时记在心里。往事不堪回首，现实却也同样的残酷，纵观天下，自从各国相继进行了变法之后，形势发生了巨大的变化，秦国日益强大，成为唯一一个超级大国，楚国一日一日被蚕食，不如往日，唯有齐国堪与秦国相抗衡，这样的实力，燕国自然不是对手。

经历了子之之乱，又遭遇了齐国的趁火打劫，虽然在位的燕昭王励精图治，对内改革，选贤任能，却也不是一日两日就能够使燕国迅速崛起的。每每想及此，燕昭王不无叹息，大仇未报，便一日不得安心。

苏秦总览天下大势，又善于察言观色，怎能不知燕昭王的心思。让燕国强大起来，非一朝一夕的事情，既是如此，就唯有借助外力与削弱齐国两条路可以走了。

苏秦准备双管齐下，一来使齐国与各个诸侯国交恶，二来以战争形式来削弱齐国的实力，为达到这样的目的，苏秦想到了位于齐国以西的一个小国——宋国。

宋国与秦国临近，为寻求秦国的庇护，一直以来与之交好。宋国虽小，但是要拿下它也是不免要劳民伤财、损兵折将的，如此一来，齐国实力必然受损。另外，秦国一直将宋国视为口中之物，齐国如攻打宋国，岂不是从老虎口中夺食？秦国自然不会坐视不管，有这样一个强有力的后盾，就更增加了攻打宋国的难度。

苏秦的脑筋迅速转动，计谋呼之欲出，来不及犹豫，便前去觐见燕昭王，将心中所想一一禀报了燕昭王。燕昭王虽然有伐齐之心，却还没有形成如此缜密的心思，听罢苏秦所说，不觉心旷神怡，信心与勇气一时涌上心头，对苏秦的计谋赞叹不已。

燕昭王连连点头称是。见他容光焕发，苏秦再次大胆提议，请求出使齐国，入齐国做卧底，好在齐王耳侧煽风点火，以实现他削弱齐国的目的。燕昭王此时已经对苏秦的计谋佩服得五体投地，哪里还有不应允的道理，便一口答应了苏秦的请求。

苏秦在入齐使得齐宣王无偿送还燕国十座城邑以后，于公元前289年再一次踏上了出使齐国的道路。此时齐国的国君是齐湣王，他对苏秦的印象不错，苏秦一入齐国便得到了优待。

其实，这一年齐国国内形势已经发生了变化，齐湣王上任不久便罢免了孟尝君。孟尝君手下聚集了一批门客，这些人多数是在落难之时被孟尝君收留，他们必然是对孟尝君忠心耿耿的。

孟尝君的行侠仗义为他赢得了名声的同时，更为他带来了实惠，好几次能够死里逃生全赖于门客的相助。这样一来，孟尝君之名更是尽人皆知了。一个臣子，名气大到超过了主子，就这一点，孟尝君就不能在齐国待下去了，更何况孟尝君把持齐国朝政大权，使君权弱化，更是齐湣王所不容的。所以，孟尝君已无立足之地。

孟尝君被罢免了，齐国与周边诸侯国的关系也发生了微妙的变化。孟尝君把持大权时，一向主张与赵国交好，他这一走，他的政敌便登台唱起了主角，齐国与赵国的关系走向滑坡。这正如苏秦所愿，事情已经开始朝着他预期的目标发展了。

作为一个卧底，必须处处谨慎，毕竟是一着不慎，脑袋就要搬家。纵使比常人聪慧，苏秦也不免小心翼翼，更是时时察言观色。来到齐国以后，苏秦并没有立即向齐湣王献上攻打宋国的计谋，而是上下打点，打听齐国的形势，毕竟知己知彼才能够百战不殆。

这日，苏秦见齐湣王心情舒畅，便将蓄谋已久的计谋说了出来，当然，这番说辞自然不能跟在燕昭王面前的说辞雷同。兼并其他诸侯国无论对于哪个诸侯国来说都是乐此不疲的事情，在诸国中有些实力的齐国更是如此。齐湣王好大喜功，攻打宋国的提议自然是乐于接受的，但是，又必须有个合情合理的理由，这让齐湣王陷入困境之中。宋国素来谨慎，不惹事端，总要找出个攻打它的理由来。

苏秦早有准备，他搬出宋国君主来说事。原来，宋国的国君荒淫无度又暴虐不堪，虽身居高位，却不谋其政，致使天下共愤。齐国若是在这个时候攻打宋国，不但不会背负不义之罪，还会为天下除害。这样一来，齐国不但赢得了美名，还获得了实际的利益，齐国称霸中原也就指日可待了。

齐湣王听罢苏秦所说，心中顿时澎湃起来，哪一个君主不想在在位期间做出一番成绩？好大喜功的齐湣王亦是如此。齐湣王的野心蠢蠢欲动，似乎要喷薄而出了。然而，齐国攻打宋国也同样有许多顾虑，齐湣王不得不深思。

由于宋国历来与秦国交好，对于招惹秦国，齐湣王还没有十足的把握。一旦与宋国交战，势必也要与秦国大动干戈，所以，齐国的对手不单单是一个弱小的宋国，还有宋国背后强大的秦国，这是利益与风险并存的事情，齐湣王不敢贸然出兵。

眼看齐湣王一扫愉悦，代之一脸的阴霾，苏秦已经料到齐湣王的顾虑，心中早就有了应对之策。这盘棋正朝着苏秦预料的方向一步一步前进，每一步他都已经想到，一个小小的宋国不足为惧，齐湣王害怕的是秦国，对此，苏秦又献上一计。

苏秦的计谋是联合各个诸侯国共同抗秦，这正是公孙衍合纵政策的延续，苏秦一生事业的巅峰也因为合纵而成就。

拿不定主意的齐湣王一步一步被苏秦牵着鼻子走，苏秦的每一个计谋无不让人叫绝。当苏秦提出联合各个诸侯国共抗秦国的计划时，齐湣王连忙拍手称好，削弱秦国正是齐国好几代人所求，若能够由齐湣王亲手完成，那历史上必然有他浓重的一笔，想及此，齐湣王怎能不兴奋？

秦国与齐国相距甚远，因为这种地缘关系，两国的直接交兵较少，但是，这两国却是称霸天下的劲敌，必然有一场最后的较量。而赵国的拔地而起，成为与两国相抗争的一个大国，不论是对于齐国还是秦国，都觉得赵国是个劲敌。基于这一点，秦国想要拉拢齐国，目的在于共同抵抗赵国。于是，秦国穰侯魏冉便受秦王之命，出使齐国，并送上帝号为诱饵。

此时的苏秦正与齐湣王策划攻打宋国，却被魏冉插了一脚，这一脚扰得齐湣王有几分犹豫，心中升起了与秦国联盟的念头。

眼见齐湣王在赵国与秦国之间摇摆不定，苏秦立刻动了心思，给齐湣王上了一课：其一，齐国与秦国共称帝，天下之人却独尊秦国，但若是齐国放弃帝号，天下人便会敬重齐国，放弃称帝可为齐国赢得好名声。其二，同秦国联盟，共同攻打赵国与齐军攻打宋国所得利益相较之下，反倒是伐宋更有利。既然如此，齐王为什么不放弃帝号而顺应天下民意呢？

一番话说得齐湣王犹如醍醐灌顶，齐湣王当即回绝了秦国，并约赵国在阿地会盟，约定共同对抗秦国，在哄得齐湣王甘之如饴的同时，苏秦的目的也达到了。

后来，苏秦死后，他为燕国破坏齐国的大量事实被揭露出来。

完璧归赵

秦昭襄王听说和氏璧是一件举世无双的宝物，所以便修书给赵惠文王，称"愿以十五城请易璧"。秦国在当时的势力可谓是如日中天，大有吞并诸国的趋势，赵国自然不敢与之对抗。看着秦昭襄王的来信，赵惠文王陷入两难的境地。

赵惠文王想，一向小气不肯吃亏的秦昭襄王这次竟如此大方，实在是有些不解。但若是不肯将和氏璧交到秦国，恐怕又会引起两国的战争，到时候必然是血流成河，民不聊生。其实用一块玉璧去换十五座城池，这的确是一桩不错的交易，也是赵国扩张其势力范围的一个绝好机会。赵惠文王有所心动，但他又怕秦昭襄王耍花招，最后两手空空。

赵惠文王思来想去也拿不定主意，便将大臣们召集起来一起商议，想找个合适的人出使秦国。众人讨论来讨论去，也没有提出什么合适的人选。这时，缪贤站出来推荐了他的门客蔺相如，说这个人可以出使秦国。

赵惠文王不相信一个小小的门客能够担此重任。缪贤便解释道，他曾经犯罪想逃到燕国去避难，但蔺相如却对缪贤说，他如何知道燕王就会收留他呢？缪贤告诉蔺相如，说他与燕王曾有一面之缘，燕王也说过愿意交他这个朋友。

但蔺相如却对缪贤说，赵国比燕国强大，缪贤又颇受赵王的宠信，燕王自然愿意与之结交。如今缪贤戴罪出逃，燕王惧怕赵王，又怎么会收留他呢？在蔺相如看来，燕王不仅不会帮缪贤，也许还会将其押送回赵国。与其这样，他建议缪贤还不如主动向赵王请罪，或许还能得到宽恕。缪贤依蔺相如所言，果然得到了赵王的赦免。根据这件事，缪贤便认定蔺相如是个有勇有谋之人，定可以替赵国化解危机。

赵惠文王听了缪贤的话，便下令召蔺相如前来，问道："秦王以十五城请易寡人之璧，可予不？"蔺相如回答道："秦强而赵弱，不可不许。"意思是就眼前形势看，秦强赵弱，所以不得不答应秦国的要求。赵惠文王又问："取吾璧，不予我城，奈何？"言下之意是害怕秦国得了和氏璧却不给赵国城池。蔺相如不紧不慢地说出了自己的想法：倘若不答应秦王的要求，理亏的是赵国；但如果秦国不兑现其承诺，理亏的就是秦国。相比较来看，宁可答应秦国也不可失了礼数。

赵惠文王想了想，觉得蔺相如说得有理，便问他何人可以出使秦国。蔺相如自告奋勇，说自己愿意带着和氏璧出使秦国，并且立下了军令状，说如果秦王依他所言，给了赵国十五座城池，他就把玉璧留在秦国；倘若秦昭襄王不遵守诺言，他一定将玉璧完整地带回赵国。赵惠文王见蔺相如如此坚决，便准了他的请求。

蔺相如带着和氏璧来到了秦国，秦昭襄王喜不自持，马上在章台宫接见了他。蔺相如双手将和氏璧献上，秦昭襄王看过后便将这件绝世珍宝传给后宫嫔妃和左右随从观看，其喜悦之情溢于言表，殿堂之上"万岁"之声更是不绝于耳。秦昭襄王只顾欣赏玉璧，丝毫不提换城一事。蔺相如见状，知道秦昭襄王并没有想把十五座城池划归给赵国的意思，就谎称和氏璧上有个小瑕疵，想要指给秦昭襄王看。

秦昭襄王听他这么说，十分好奇，就命人把和氏璧交还给蔺相如。哪知蔺相如拿到和氏璧之后，迅速向后退了几步，靠在柱子边，怒气冲冲地说：秦王想得到和氏璧，写信给赵王，说愿意用十五座城池交换。赵王将大臣们召集起来商议，大家都说秦王一向贪婪，是想用城池骗取和氏璧，没有人赞同将和氏璧送往秦国。是蔺相如力排众议，称平民百姓之间的交往都讲求诚信，何况国与国之间呢？如果因为小小的一块玉璧惹怒了秦国，这是十分不应该的。

蔺相如见秦昭襄王无言以对，于是继续他的正色之言。他说赵王是听从了他的意见，斋戒了五天，才派他将这稀世珍宝送到秦国，且还拜送了国书，亲自在朝堂上行了大礼，这就是对秦国的尊重。可他作为赵国的使者，来到秦国后，秦王却在章台宫如此普通的宫殿接见，这是礼节上的怠慢，且秦王在得到和氏璧后，竟随意将它交予众人观看。这不仅侮辱了使者，更是侮辱了赵国。蔺相如更是直截了当地指出秦昭襄王无意将十五座城池划归给赵国，所以他才借机将和氏璧拿了回来。如果秦昭襄王一定要强迫他交出和氏璧，那他就与和氏璧一起撞在这柱子上！

话说完后，蔺相如就握着和氏璧要往柱子上撞去。秦昭襄王见状，唯恐和氏璧有什么闪失，便命人阻止了他，并婉转地表达了歉意。接着，秦昭襄王命手下的官员将秦国的地图拿出来，指出要划归给赵国的十五座城池。

蔺相如已经认定秦昭襄王是个不守诺言的奸诈小人，这么做只是瞒骗一时，过后根本不可能兑现。为了保住和氏璧，蔺相如心生一计，对秦昭襄王说这和氏璧乃是众所周知的稀世珍宝，赵王是出于对秦王的敬畏，所以不敢不将其献出来。在他离开赵国的时候，赵王为和氏璧斋戒五天，如今秦王您也应该斋戒五天，并在朝堂上设下接待"九宾"的礼节，唯有如此，他才肯将和氏璧献出来。

秦昭襄王知道强取不成，就答应了蔺相如的请求，不仅斋戒五天，还奉蔺相如为上宾。五天过后，秦昭襄王的斋戒之礼已成。他马上下令在朝堂上设"九宾"之礼，款待赵国使者蔺相如，想让他交出和氏璧。为保万无一失，蔺相如早就把和氏璧交给了自己的随从，让他乔装打扮，从小路回到赵国。

此时，蔺相如来到大殿之上，正色说，自秦穆公开始，秦国的二十多个国君，没有一个是坚守信用的。蔺相如怕受秦王的蒙骗对不起赵王和赵国百姓，所以已经遣人将和氏璧送回赵国了。秦强赵弱，秦王派一位使者前往赵国，赵王也不敢不将玉璧献上。以秦国之强大，不如将之前所言的十五座城池划归赵国，赵王自然不会留着和氏璧来得罪于秦。蔺相如说完之后，便以欺君之罪请求受汤镬之刑。

秦昭襄王万万没有想到事情会发展成这样子，大臣们也是面面相觑，不知如何是好。有人认为秦王受到了侮辱，要杀了蔺相如泄愤。秦昭襄王也非泛泛之辈，所以并没有在一气之下杀了蔺相如。在他看来，杀了蔺相如，得不到和氏璧，秦、赵两国的关系也会断送。他命手下之人放蔺相如回赵国去。蔺相如就这样平安地回到了赵国。

蔺相如出使秦国，既保住了和氏璧，也没有引发两国的战争，更为赵国争得了颜面。赵惠文王大喜过望，即刻封蔺相如为上大夫，对他十分器重。至于秦国，也没有将十五座城池划归赵国，玉璧换城一事也就不了了之了。

渑池之盟

蔺相如回国后不久，秦昭襄王就发兵讨伐赵国，并以迅雷不及掩耳之势攻克了石城。第二年，秦国又来攻，杀赵人二万余。就在赵国陷入混乱之际，秦国却派来使者要与赵国和解，并通知赵惠文王到西河外的渑池商谈具体事宜。秦国的举动让赵国君臣如陷云雾之中，一时间摸不着头脑。眼看秦国声势如虹，却为何要求和解呢？

对于秦昭襄王"和解"下的真实用意，后世有许多推理和猜测。有一种观点认为秦国虽实力强过赵国，且在这次战争中也一直处于上风，但依旧没有实力消灭赵国。如果一味强攻，后果也只能是两败俱伤，得不偿失。从当时的社会背景来看，在秦昭襄王二十三年（公元前284年），齐秦抗衡的时代就已经过去。秦国虽位居七国之首，但赵国却在赵武灵王的治理下成为北方新兴的大国。虽说赵国其后不如赵武灵王在位时实力强劲，但实力依旧不容小觑。由此看来，这种说法也有一定的道理。

就当时各国的情况和它们之间的关系来看，促使"渑池会"最终成行的最根本原因还是秦、赵两国的利益。秦昭襄王二十四年（公元前283年），秦国出兵攻取了魏国的安城，随后兵至大梁，大有灭魏之势。燕、赵两国闻讯出兵来救，秦国怕这几个国家联合起来对抗自己，所以收兵回国。为了孤立赵国，秦国先后和楚国、魏国交好。其后赵国伐楚，秦王便派大将白起攻赵，占领了不少城池。在其后的四年时间里，秦国和赵国一直处于对抗的状态中，虽然秦国优势明显，但碍于赵国的实力，这种状态一直没有被打破。

就在秦国苦恼于如何打破僵局之时，赵国的后院却起了火。秦昭襄王二十八年（公元前279年），齐国大将田单率军攻打燕军，夺回了本属于齐国的七十座城池。燕、赵本就是盟友，燕国受到齐国威胁，赵国如何不受牵连？就在此时，被秦国压迫多年的楚国也开始起兵反抗，且势头还不小。此时的秦国和赵国都无心也无力再相争下去，于是便有了渑池和解之约。

秦国提出和解，那赵王是去还是不去呢？赵惠文王和之前收到秦昭襄王送来的索要和氏璧的书信时的表现一样，十分惊恐。

赵国大将廉颇和上大夫蔺相如合计了一下，觉得如果不去赴约，不就显得赵国太过软弱了吗？这对赵国来说是十分不利的。赵惠文王碍于脸面，也深知此次会议的重要性，就命蔺相如和他一同前往。

廉颇是赵国的老臣，历经政事多年，眼光和手段都十分老到。他知道赵惠文王此行吉凶难测，于是就请求如若赵王三十日不回国，就立太子为王，以免秦国拿赵王要挟，赵惠文王同意了他的请求。

秦昭襄王二十八年（公元前279年），秦、赵两国的君主相会于渑池，共同商讨和解的事宜。"渑池"是地名，今属河南境内，其故址在今河南省渑池县西。战国时期，渑池为"渑池邑"，早先属于郑国，后归属韩国，最后为秦国所得。渑池是秦、赵两国的交界之地，这次会盟虽然没有直接的兵刃交接，却是处处暗含杀机。

秦昭襄王仗着自己势力强大，根本不把赵惠文王放在眼里，想借机戏弄他。席间，秦昭襄王借着酒意，提起他曾听说赵王雅好音律，尤善弹瑟，便请赵惠文王弹奏一曲以助酒兴。赵惠文王本就害怕，在此情景下不得不从。但一国之君在酒席之上弹瑟，这成何体统？秦国的御史还马上上前记载道："某年某月某日，秦王与赵王会盟饮酒，命令赵王弹瑟。"赵惠文王的面子马上就挂不住了。

这个细节十分微妙。"御史"一职在战国时期是专门掌管书籍，为君王记载国家大事的官员，也就是后来所说的"史官"。这个史官根本没有接到秦昭襄王的传唤，就主动上前将如此芝麻小事郑重其事地载入史册，可见这本就是一个阴谋。秦昭襄王或许早就交代了史官，也有可能是这个官员看到自己的主子有意侮辱赵惠文王，于是便借势给赵国难堪。

蔺相如见赵惠文王被如此欺负，便以其人之道还治其人之身，要求秦昭襄王为赵惠文王击缶。秦昭襄王自然不肯，蔺相如就威胁说，如果秦昭襄王不肯击缶，他的血就将在五步之内溅到秦昭襄王的身上。秦昭襄王左右见状，欲杀蔺相如，但都被蔺相如视死如归的眼神吓退。秦昭襄王无奈，只得为赵惠文王击了一下缶。蔺相如也命赵国史官记道："某年某月某日，秦王为赵王击缶。"

秦国"偷鸡不成蚀把米"，自然心有不甘，大臣们就借祝酒之机说道："请以赵十五城为秦王寿。"蔺相如也不肯示弱，反击道："请以秦之咸阳为赵王寿。"从始至终，秦昭襄王都没有占到赵国一点儿便宜，此时廉颇也率重兵驻守于边境，以防秦国有借机入侵之举。秦国虽占尽天时地利，却无奈赵国君臣上下一心，自然不敢轻举妄动。和解之后，秦国君臣只得悻悻然地回到了秦国。

秦昭襄王走了，赵惠文王终于松了一口气。回国之后，赵惠文王马上封蔺相如为上卿，地位一下子跃居廉颇之上。不少人为廉颇叫屈，说如果不是廉颇在边境"盛兵以待"，秦昭襄王又怎么会怕区区一个以死相拼的蔺相如？其实这次会盟的成功，廉颇和蔺相如只是起了一个助力作用，其真正的原因还是秦国想要一统天下的野心和企图。

楚国首都陷落记

秦昭襄王二十八年（公元前 279 年），秦国派大将白起率秦军从汉中出发，沿汉水来到了楚国的咽喉重地——邓城（今湖北省襄阳市樊城区）。此时楚国新主刚立，政局不稳，再加之忠臣被逐，令尹子兰乱政，正是一举攻克它的好时机。秦军此次出兵选择了沿汉水行军，是因为汉水两地富庶，秦军可以随时补充粮草。不仅如此，每经过一条河，白起就下令拆桥、烧船，丝毫不留后路。秦军将士见主帅态度如此坚决，不觉提高了士气，浩浩荡荡向楚国开来。

此时的楚国根本无力对抗秦国，白起的部队势如破竹，很快就攻下了邓城。邓城一役之后，秦军又瞄准了下一个目标，楚国的别都——鄢城（今湖北宜城东南）。楚国的腹地在汉水两岸，也就是今天的湖北省，北边的武当山和大别山是楚国的天然屏障，邓城和鄢城就位于此。此时邓城已失，如果鄢城再不保，郢都就将面临直接的威胁。

楚军如临大敌，自然不敢怠慢。为了护卫都城，楚军精锐部队几乎都集结于此。白起命手下运来沙土，先把护城河截断，然后越过壕沟，攻打鄢城。楚国虽然实力大不如前，但鄢城毕竟是易守难攻。秦军强攻了许久，丝毫没有成效。白起见强攻不成，就下令登城。鄢城处于山谷之间，木材十分充裕。秦军将士得令后，马上去树林中砍了许多木材，制作出了简易的梯子。这种梯子专用于攻克城楼，特点是"依云而立"，在上可以鸟瞰城中，所以被称之为云梯。

楚军调来大批的弓弩手射击城墙上的秦军。不仅如此，楚军将士还用撞木猛撞秦军的云梯，秦人纷纷落下城头，死伤无数。秦军虽然出师不利，但白起并没有自乱阵脚，他拿来地图仔细观察，希望能够找到新的突破口。

白起发现，鄢城乃借峡谷之势而建，汉水的支流夷水途经鄢城所在的山谷，缓缓向西南方向流淌而去。白起大喜，决定水攻鄢城。他借着地势，修建了一条长达百里的长渠，把夷水引到了鄢城。水引来之后，白起又下令关闸蓄水，等到蓄水量达到一定的高度后，便猛然开闸，洪水就咆哮地向鄢城涌去。

白起引夷水攻城，虽是妙计，但全然不顾城中百姓的死活，其号"人屠"由此可见一斑。鄢城一役，楚国军民死伤人数竟达十万之多。所谓"百姓随水流，死于城东者数十万，城东皆臭"，其景象可以说是惨绝人寰，而白起也因此受封为列侯。

水退之后，白起率大军进入了鄢城，稍作停留之后就火速开往两百公里外的郢都。鄢城一役的惨败，使得楚人对秦军闻风丧胆，丝毫不敢抵抗，白起在前往郢都的过程中自然没有受到丝毫阻力。一路上，秦军"掠于郊野，以足军食"，连粮草之资都没有花费。

西渡漳水和睢水之后，秦军很快就拿下了西陵，郢都与西面的联系就此切断，几乎成了一座孤城。白起顺势挥军东下，来到了夷陵。在夷陵，白起放了一把火，把楚王的宗庙烧了个干干净净。眼看郢都就要不保，楚顷襄王带了亲眷连忙向东逃去，并把都城迁到了陈，也就是今天的河南淮阳。

　　至此，楚国都城陷落，国君出逃，天下为之震撼。秦国削弱楚国的目的也就此达到，竟陵西北的广阔土地都划入了秦国的版图，昔日的郢都则成了秦国治下的一个小郡。此次伐楚，大将白起居首功，秦昭襄王自然恩赏不尽，加封他为"武安君"。

　　说到郢都的陷落，不得不提起一个人，那就是楚国的爱国诗人屈原。此时的屈原正在第二次被放逐途中。"皇天之不纯命兮，何百姓之震愆？民离散而相失兮，方仲春而东迁"，屈原在得知都城陷落的消息之后，悲愤地写下了这首饱含血泪的《哀郢》，悼念他那逝去的祖国。自从屈原第一次被放逐，他就知道楚国必定会葬送在奸臣和昏君之手。虽然他早已预料到此事，但得知真相后他还是掩饰不住内心的震惊与悲痛。他秉着对楚国和君王的一片忠心，不愿在国破之后苟活于世，毅然决然地投了汨罗江。

　　秦昭襄王占了郢都后还不甘心，想乘胜追击，联合韩、魏两国继续进攻楚国。楚国的春申君害怕秦国"举兵而灭楚"，整日茶饭不思，如坐针毡。春申君思来想去，觉得只有一个办法能够拯救楚国，那就是离间秦、韩、魏三国之间的关系，让秦国无心攻楚。

　　春申君给秦昭襄王写了一封信，先是追溯了秦国和韩、魏两国的渊源，说秦国和这两国本来就有宿怨，不像秦国和楚国有姻亲的情分。秦国不去攻打韩国和魏国，以解心腹之患，反而来攻打楚国，这是十分不明智的。接下来，春申君又劝告秦昭襄王，说物极必反，已经攻占了楚国的都城，就不要把楚国再逼上绝境。以上这些话对秦昭襄王来说是不痛不痒，但春申君接下来的话就说到了秦昭襄王的痛处，让他不得不考虑与楚国修好的建议。

　　秦国最大的目标就是一统天下，春申君却提醒秦昭襄王，一旦楚国覆灭，得到好处的是韩、魏两国，齐国也可以坐收渔人之利，到时候秦国想要一统天下就更加困难了。春申君建议，秦国不如和楚国修好，一起攻打韩国，拿下了韩国，魏国也就不在话下，这样雄图霸业就指日可待了。秦昭襄王是个以利益为重的人，思虑再三，也觉得春申君的话很有道理，便遣使入楚，与楚国修好。楚国虽然在春申君的挽救下逃过一劫，但其根本受到了动摇，势力更加衰微，终不复旧日风采。

阏与之战是场喜剧

楚国迁都之后，秦国为了扫平六国，又把战火烧到了大梁。秦国三次围攻大梁，为的就是灭亡魏国，使秦国东西的城邑连成一线，断绝楚、韩、赵、燕的关系，以便日后各个击破。

秦昭襄王三十七年（公元前 270 年），秦国出兵攻打赵国的阏与（今山西和顺）。在此之前，秦国为了稳住赵国，主动将嬴异人送到赵国做人质，但这也不能化解秦赵之间多年的矛盾。从秦国的角度来说，攻打赵国是有其正当理由的。当初秦国先后占领了赵国的祁、蔺、离石三地，这三个城池对赵国来说十分重要，于是赵惠文王就和秦昭襄王商量，能否用另外三个城池将祁、蔺、离石三地换回来。为表诚意，赵惠文王甚至主动将公子郦送到秦国做人质。

秦昭襄王见赵国如此坦诚，君臣合计了一番，就同意了赵惠文王的建议，把这三座城池还给了赵国。没想到赵国这次却不讲诚信，迟迟不肯交出作为交换的三座城池。秦昭襄王大怒，便以赵国毁约为由发兵赵国。

阏与位于太行山山脊，地势十分险要。阏与的西面是韩国的上党，东经武安就能到达赵国的都城邯郸，对两国的意义都十分重大。秦国进攻阏与之举意义重大，是其拿下楚国之后，寻求东进的重要一步。秦国本想借攻打阏与之机给赵国一个下马威，没料到赵国人才济济，自己反受其害。

秦国进攻阏与的终极目标是攻克邯郸，灭了赵国。秦军虽然越过了韩国，却让韩国感到了巨大的威胁，唇亡齿寒，阏与一旦被攻克，上党也是朝不保夕。

韩国眼见秦国来袭，却丝毫没有招架之力，只得求助于邻国赵国。两国的利益此时紧密联系到了一起，赵国自然不敢怠慢，接到韩国的求援信后，赵惠文王马上召集群臣商议。

当时在场的有廉颇、乐乘、赵奢等人，赵惠文王信任廉颇，于是首先问他："可救否？"廉颇想了一下，回答道："道远险狭，难救。"赵惠文王不甘心，又问站在一旁的乐乘，得到的回答也是一样。廉颇和乐乘久经沙场，都是赵国的名将，他们如此说，阏与一战可以说是回天无力。就在赵惠文王放弃希望、准备听天由命的时候，一个人站了出来，他就是赵奢。

此时的赵奢还只是一个名不见经传的小人物，而他之所以能够成长为一代名将，就是因为他敢在大将廉颇和乐乘共同给阏与下了"死亡判决书"之时，提出了"狭路相逢勇者胜"的高深见解。

有人说赵奢这么做完全是为了"骗取"兵权，好完成自己建功立业的夙愿。其实他自己心中对这一战并无把握，且他领兵之后并没有按他之前所说的"勇者胜"去与秦军硬拼，而是消极怠战近一个月，采取的是拖延时间、消耗对方体力的战术。所以上述说法失之偏颇，赵奢所谓"勇者胜"，并不一定是指要去硬拼。在知道实力差距后还去拿鸡蛋碰石头，纵然是"勇"也是"愚勇"，而赵奢在分析了局势之后，采取了相应的战略措施，最后击败了实力强大的秦军，这是一种"智勇"，更是"狭路相逢勇者胜"的真意。

从根本上来说，赵惠文王是十分想救阏与的，不然他也不会再三询问，赵奢也是获悉了君主的心意才请兵出战。而赵惠文王最终相信了赵奢，赐予他虎符，让他带着赵国的大军前去迎击秦军。无论过程如何，阏与之战最后的结果向世人证明了一个事实，赵奢并非贪图功名的小人，而是一个不可多得的军事人才。

赵奢领兵之后出了邯郸，却没有一路赶到阏与，与秦军厮杀，而是在离邯郸三十余里的地方驻扎了下来，且一住就将近一个月。赵国将士求战心切，恨不得立刻飞到阏与跟秦军杀个你死我活，而将军却在此前不着村后不着店的地方扎营，这是何意？赵国大军一头雾水，而秦军却捡了个便宜，马上将武安包围了起来，大有攻城之势。武安离邯郸不远，一旦失守，不要说救阏与了，连国都都要保不住了。

武安被围的消息传来，赵军哗然色变，但赵奢依旧按兵不动。赵军内有个军官建议赵奢发兵救武安，赵奢不但不听，还将其处死，并下发了一道指令：如再有以军事进谏者，格杀勿论！

不但赵国将士摸不着头脑，秦军方面也是如陷云雾。秦帅胡阳派出探子到赵军中刺探军情，赵奢发现之后不仅没有杀这个间谍，反而好酒好菜款待他，然后将他送回秦军大营。这回胡阳乐了，赵帅如此胆怯，而秦军如此强大，如今又围了武安，可以说是可攻可守，胜利肯定属于秦军。

其实赵奢有自己的打算。阏与地处太行山，地势险要，倘若在山地与秦军决战，几乎毫无胜算，但如果能将秦军骗到平原之上，赵国就可以发挥骑兵的优势，此战才有可能获胜。而武安虽然离邯郸很近，只有八十余里，但距离赵奢的大营仅二十里。胡阳认定赵奢不敢来攻，于是就把部队全部撤下山，驻扎在武安附近的平原地区。如此一来，秦军就失去了原有的地势优势。

赵奢为什么对秦军下山如此有把握？那是因为他知道秦国一向贪婪狡猾，又很自大，绝对不会满足于阏与这个小地方，秦国的目标是赵国广大而富饶的平原之地。知己知彼，方能百战百胜，一切都在赵奢的掌握中。就在秦军沾沾自喜，准备找个机会灭了赵奢的时候，赵军却在一夜之间转移到了阏与，把秦军困在了武安平原之上。

战争的局势陡然发生了转变，优势全部转移到赵军旗下。且经过数十日的奔波，围了武安，又来回撤军，秦军士兵已经是疲惫不堪，而赵军却是养精蓄锐，气势勃发。

等到秦军回过神来，为时已晚，纵使是困兽犹斗，秦军还是惨败而还。阏与一役，赵奢扭转局势，使赵军大获全胜。赵惠文王大喜过望，封赵奢为马服君。

阏与之战是场喜剧，那是相对诸国来说的。秦国不可一世，将谁放在眼中？如今却着实被赵奢摆了一道，如同猴子般被戏耍，实在可笑。

忍辱负重的范雎

阏与战败的消息传回秦国，秦昭襄王陷入痛苦。而在此时，有一个人却在简陋的馆舍之中写着准备上呈给他的奏疏，这就是后来大名鼎鼎的范雎。

此时的范雎不叫"范雎"，而叫"张禄"。他本是魏国人，但他为什么改名换姓躲在秦国？这就要从他之前的经历说起。范雎自幼家贫，但他自恃有才，所以想要游说魏王，一展胸中抱负，但无奈社会地位低下，根本找不着门路，所以范雎只得投奔了中大夫须贾，希望有朝一日能成为天子近臣。

须贾对范雎还算看重，有一次他奉命出使齐国，便带了范雎一起去。他们在齐国一待就是几个月，事情却毫无进展。齐国的君主齐襄王听说范雎能言善辩，是个人才，就赐给他佳肴美酒和十两黄金。须贾知道了这件事后，以为范雎做了叛徒，把魏国的机密之事告诉了齐王，所以大怒。他命范雎收下酒肉，退回黄金。

范雎虽然冤枉，但无奈身份卑微，只得依须贾所言。但纵使如此，须贾还是对范雎产生了厌恶之情。须贾如此生气不在酒肉黄金，而是在齐国丢了颜面。他一个中大夫都没有得到齐王的赏识，而范雎一个卑贱之人，却如此得齐王看重。须贾再也容不下范雎，一回国就将这件事告诉了魏国国相魏齐，说范雎叛国，不然齐王为何无故赏他东西？

魏齐听信了须贾的话，决定给范雎一个教训。他命手下的人将范雎狠狠地揍了一顿，几乎将他打死。范雎为了保住性命，趴在地上装死。魏齐见他一动不动，就命人将他用草席卷起来，丢到茅厕里。相国府的门客故意羞辱范雎，不仅没人替范雎求情，竟然还在他身上撒尿。被打得遍体鳞伤的范雎只得苦苦哀求看守他的人将他放了。这个人实在于心不忍，就禀报魏齐说，范雎已经死了，要把尸体拖出去丢掉。

此时，魏齐已经大醉，于是一挥手准了守门之人的请求，范雎就这样逃出了宰相府。第二天，魏齐酒醒，觉得有些不对劲，就派人去找范雎的尸体。下人回来禀报，并没有看见尸体。魏齐大怒，下令一定要将范雎抓回来。范雎东躲西藏，后来遇到一个叫郑安平的人。郑安平听说了他的遭遇，十分同情他，便将他藏了起来。范雎为了逃避杀身之祸，就改名张禄，开始了流亡的生活。

秦昭襄王派王稽出使魏国，实际是为了网罗人才为自己效力。郑安平见这是个机会，就装扮成差役，前去伺候王稽。一日，王稽问郑安平可认识什么有才华的人，愿意随他回秦国效力。郑安平就推荐了他的同乡张禄，也就是范雎。王稽让他带来一见，郑安平说他有仇人追杀，只有晚上才能出门。等到夜深人静之时，范雎才来见了王稽。经过一番交谈，王稽肯定了范雎的才能，并决定带他回秦国。

王稽和范雎一起乘车回秦国，经过湖邑的时候，见有一辆装饰华丽的马车迎面驶来。王稽告诉范雎，来者是秦国宰相魏冉，范雎听说魏冉在秦国擅权，且十分讨厌各国而来的人，为免受其侮辱，决定躲在车中不相见。果不其然，两车相遇之后，魏冉问了问王稽魏国的情况，还特意询问王稽有没有带他国的客人一起归来，说这些说客根本无用，只会扰乱秦国的政事。王稽就回答说没有。

魏冉走后，范雎还是不放心，怕他回来搜查，于是就下了马车，躲了起来。不出范雎所料，魏冉果然派人回来搜，但没有发现任何蛛丝马迹。

虽然历经坎坷，范雎还是平安到达了秦国。之后王稽去向秦昭襄王汇报东边各国的情况，借机把范雎推荐给了他。王稽说魏国有个叫张禄的人，十分有才华，他说大王您的政权危如累卵，所以将其带来，希望能帮助大王巩固政权。秦昭襄王不信有此神人，就没有接见范雎。出师不利，范雎也只有待在秦国继续等待时机。

其时秦国的大权被宰相魏冉所掌控，秦昭襄王虽然已经在位多年，但一直都受到"四贵"的权力打压，根本不能施展自己的才华和抱负。魏冉掌权下的秦国施行的是"远攻"的政策，实际却是魏相国的"损公肥私"之计。我们不能否认魏冉早期对秦国的发展起到了重要的作用，但晚年的他想的更多的是自己的势力和荣华。

魏冉是秦昭襄王之母宣太后的异父弟弟，其封号是"穰侯"。魏家家大业大，不仅在秦国拥有大量封地，还将夺取而来的定陶之地收归己有，所拥有的财富甚至超过了国君。为了能够在定陶安享晚年，魏冉在没有告知秦昭襄王的情况下，擅自发兵远征齐国，其真实意图是夺取刚、寿等地，扩大定陶的势力范围。

阏与战败之后，秦国成为众国耻笑的对象。秦昭襄王被压抑了多年的怒火终于爆发了出来，他想要凭借自己的力量再振秦国雄风，但又苦于没有辅助自己的贤才。就在此时，他想起了王稽给他推荐的那个说过"危如累卵"的张禄。就现在的情况来看，张禄一年前所说的话确实不假，如此看来，这人肯定拥有非凡的才华。

整日政务缠身的秦昭襄王怎么会突然想起范雎这个小人物呢？这事实上靠的是范雎自己的努力。在秦昭襄王苦恼之时，范雎的奏疏适时地呈了上去，这对秦昭襄王来说可谓是一根救命稻草。

这封奏疏大意如下："我听说贤明的君主治理国家，都是赏罚分明。有功之人，就会赏赐他们财物，有能力的人就会许以他们官职，至于那些功勋能力超过他人的人，赏赐和官职自然也要高过他人。在秦国，无能之人不能做官，但有才之人也不会被埋没。

"我听说周有砥厄，宋有结绿，梁有悬黎，楚有和璞，这四件都不为玉工所识，但都是天下至宝，难道曾被大王所遗弃的人就不能于国有益吗？我还听说善厚家者取之于国，善厚国者取之于诸侯，天下有明主则诸侯不得善后，这是天下兴衰的道理。

"名医看病可断人生死，贤君治国可知过失成败。于国有利的建议就要采纳，有害的就要加以剔除。至于那些有所怀疑的，不妨放手一试，这个道理就算尧舜复活也不会改变。

"如今我已经在馆舍之中等待大王一年，希望能祈求您片刻的时间，我愿将我毕生所学都告诉您。大王您如果认为我是个有才之人，就一定要接见我；倘若认为我是无用之人，我留在这里还有什么意义呢？况且我所要对您说的话，至关机密，不能写于书信之上。如果我说的话没有道理，我愿意就地受死。"

范雎的奏章言辞恳切，感人肺腑，秦昭襄王读过之后马上命令左右，速速接范雎进宫详谈。

远交近攻之策英明

范雎奉旨去离宫拜见秦昭襄王。这个机会对范雎来说是弥足珍贵的，所以他自然会好好把握。为了给秦昭襄王留下深刻的印象，这次的会见有些与众不同，绝对可以称得上是一部自导自演的好戏，而导演和演员自然是故事的主人公——范雎。

随着宫中的侍者来到宫门后，范雎佯装不认识宫门，冒冒失失就要闯进去。这时秦昭襄王的车辇刚好经过宫门，宫人怕范雎惊了圣驾，就对他说大王来了，让他马上回避。范雎见机会来了，大声说道："我只知秦国有太后和穰侯，何来大王？"

秦昭襄王得知是范雎来了，不但没有生气，反而向他道歉，说自己早该向他请教，只是因为其他事情耽搁了，所以才拖到现在。他还说自己的能力不够，所以要以宾主之礼相交，希望范雎能够指教于他，最后还邀请范雎共乘车辇，给足了他面子。

接下来的谈话经过了范雎的精心设计，目的也是得到秦昭襄王的重视。进入宫室之后，秦昭襄王特意屏退了左右，起身恭敬地求范雎指教。但连问三次，范雎都含含糊糊，不肯相告。事不过三，秦昭襄王反问道："难道先生就不肯见教于寡人吗？"

事情已经到了这个份上，范雎也知道再这样下去肯定会惹怒昭襄王。戏已经做足，效果也已经达到，一个君王再有耐性也不能容忍臣下这样的态度。于是范雎马上向秦昭襄王拜了一拜，说不敢不敢。

接下来，范雎终于开始了自己准备了多年的长篇大论。他说道："当初姜太公在渭水之滨垂钓，周文王为请他出山而倾尽全力。他二人虽素昧平生，但文王听了姜太公一席话就拜其为尚父，由他辅国。在姜太公的辅助下，周终于灭商，安定了天下。周有姜子牙为相，殷商也有箕子和比干这样的忠臣。他们虽是纣王的宗亲，但纣王不听他们的谏言。比干被处以挖心极刑，箕子被关入囚室，纣王就这样将天下拱手送给了他人。我如今流落异乡，原本受到大王您的疏远，但我接下来要说的话涉及兴亡大计、骨肉之情。大王问了我三遍，我之所以不回答，原因是不知道大王对我的建议是否有诚意。我并不是怕做比干和箕子，只要您采纳我的建议，就算让我赴死，我也在所不惜。如果我的死能换来秦国的大治，那就是死好过生，这也是我毕生的心愿，请大王务必三思。"

范雎说的这番话很有深意，可以说为他之后所提的治国方略做好了铺垫。秦昭襄王听他说"骨肉之情",也了解了几分意思,于是对他说已经摒弃一切顾虑,让他大胆直言,无论言及任何亲贵都不怪罪。

范雎见秦昭襄王如此诚恳,心中自然是十分感动。但他怕隔墙有耳,仍不敢将最要紧的话说出来,先以对天下的大势分析敷衍了一番。他说秦国地势险要,这是各国都比不上的,而且秦国兵力强大,可以说是所向披靡。昭襄王承穆公之业,继孝公之余烈,但图谋天下的大业至今未成。秦国闭关守国十五年,没有丝毫进展,都是因为大臣不忠,国君的计谋不够远大。

秦昭襄王听完范雎的话,就问他自己的过失在何处。范雎此时终于说到了重点——秦昭襄王多年采用魏冉的"远攻"策略就是最大的错失所在。在范雎看来,秦国多次发兵远攻都考虑不周,尤其是越过韩、魏攻打齐国更是不明智之举。秦国和齐国距离遥远,韩、魏等国又横亘其中,如果出兵太少,必定震慑不了他们,但出兵太多,将士们跋山涉水,到了战场上也是疲惫不堪,还会造成后方空虚,实在是百害而无一利。范雎还以魏国攻打中山国为例,魏国当初就是越过赵国远攻中山,虽然战胜,但所得之地被离中山国更近的赵国抢走,所以说远攻即使取得了胜利,战果也难保住。再回到伐齐一事,如果攻而不克,秦国就会成为天下人的笑柄,但如果战胜,秦国在齐国的土地也迟早会被魏国和赵国抢走,到时候忙活一场,却是为他人做了嫁衣。

范雎此言一出,秦昭襄王如醍醐灌顶,连呼"高明"。范雎指出了错处,就要给出新的措施了。范雎继而就提出废去"远攻"之策,而采取"远交近攻"之术。远攻是损己利人,而近攻则是步步为营。

秦昭襄王也同意范雎的说法,于是向他求教"远交近攻"的具体策略。其实这个策略很好理解,远交的目的就是离间东方各国,使它们成不了合纵之势;近攻就是谋求中原之地,扩张自己的势力范围。先攻韩、魏,再拿齐、楚,如此天下尽在掌握。

秦昭襄王得此计后大喜，马上拜范雎为客卿，让他助自己谋求天下大业。不仅如此，他还马上下令停止伐齐，转而讨伐距离较近的韩国和魏国。范雎一个流亡之人，身份如此卑微，竟然得到秦昭襄王的大力提拔，自然成为众矢之的。且不说众人对范雎的嫉妒，就秦昭襄王陡然改变战争策略这一行为，就马上招来了魏冉等老臣的不满。

这时，以穰侯魏冉为代表的亲贵权臣不满秦昭襄王如此宠信范雎，仍旧坚持"远攻"，而那些曾经受到魏冉打压的大臣见范雎渐渐得势，就依附他形成了一股新的政治势力。新旧两种势力胶着在一起，难分上下。眼见矛盾日渐加深，范雎知道扳倒魏冉的时机到了。倘若不趁此机会除去旧势力，不仅不利于推行他"远交近攻"的策略，自己的地位也会受到影响，甚至有可能会丢掉性命。

一日，秦昭襄王召见范雎。君臣二人同处一室，身边并无旁人。范雎见这是个机会，就进言说，秦昭襄王如此信任他，他无以为报，只是之前所说的安秦之计还未言尽，希望秦昭襄王能够给他个机会，让他把话说完。

此时的秦昭襄王对范雎已经无比信任，听他这样说，马上就让他有话直说。范雎就说了他以前在山东之时，只知道齐有孟尝君，而不知有齐王。到了秦国，只知秦国有穰侯和宣太后，不知道有秦王。按照常理来说，一个国家的杀伐决断的大权都是掌握在国君的手中，他人怎么能干涉？但如今宣太后倚仗国母这尊贵的身份，和穰侯一起擅权。秦王虽为国君，却有名无实。穰侯远攻齐国，表面上是说为了国家的利益，其实是损公肥私。从前齐国因为崔杼擅权，齐庄公死于非命；赵国也因李兑擅权，赵武灵王竟然饿死在沙丘。如今昭襄王的地位也是岌岌可危，穰侯仗着自己是皇亲国戚，在外肆无忌惮，惹怒了诸侯，而昭襄王身边的人也多为太后、穰侯一党，他只怕昭襄王会步齐庄公和赵武灵王的后尘，到时候秦国就归魏冉所有了。

范雎的一番话正说到秦昭襄王的心坎上，于是他决定收回多年被外戚所掌控的政权。但魏冉毕竟是太后的弟弟，秦昭襄王看在亲戚情分上，没有取他的性命，只是收回了他的相印，让他回自己的封地去安度晚年。魏冉离开咸阳的时候，居然用了上千辆牛车来搬家，可见他做宰相这些年为自己谋取了多少利益。魏冉罢相后不久，宣太后就去世了。没有了太后的阻碍，秦昭襄王接着又把华阳君、泾阳君、高陵君三人遣去关外。

秦昭襄王四十一年（公元前 266 年），大权在握的秦昭襄王任命范雎为秦国新一任宰相，并加封他为"应侯"，封以应之地。范雎的上台是秦国历史的一个转折，至此，秦国会在这颗冉冉升起的政治新星的带领下，走向新的辉煌！

纸上谈兵害死人

公元前 260 年，秦、赵两国在长平的交战进行到了白热化的地步。秦国兵强马壮，不论是步兵还是骑兵都是其他诸侯国所不能抗衡的。此次的战争中，秦国投入了将近六十万的兵力，且秦军纪律严整，赏罚分明。秦军将士为了夺取军功，个个如狼似虎，真可谓是所向披靡，令人闻风丧胆。

而赵国方面此次也没有懈怠，前后投入的兵力总共超过了五十万，双方兵力在数量上可以说是旗鼓相当。因为之前赵武灵王推行"胡服骑射"，所以赵国骑兵的军事素质相当高，且以弩弓骑兵见长。但从士气方面来看，赵国将士的积极性显然比不上秦国，而且战斗经验也不如秦国将士丰富。

战争初始，赵国的先锋部队和秦军交战于长平之南。秦军勇猛，初战告捷，赵军不敌对手，竟然全军覆没。赵军出师不利，老将廉颇便率赵军四十余万主力退守长平以北，以守为攻，以静制动。

廉颇老成持重，又征战沙场多年，经验十分丰富。他知道秦军此时气势如虹，几欲再战，如果贸然与之硬拼，受损失的肯定是赵军。于是廉颇率赵军在空仓岭一带筑垒自守，无论秦军如何鼓战，他就是不迎战。廉颇此举十分高明，一方面能够保存自己的实力，另一方面还可以消磨秦军的士气，可谓是一举两得。等到秦军士气衰退时再一举攻之，到时候胜利才大有可图。

但廉颇的苦心并不是所有人都能理解，尤其是年轻气盛的赵孝成王，他见廉颇按兵不动，简直成了"热锅上的蚂蚁"，不知如何是好。赵孝成王三番五次发文书谴责廉颇，问他为何如此消极怠战，长他人志气灭自己威风，并一再催促廉颇主动出击。

但所谓"将在外，军令有所不受"，廉颇虽然知道赵孝成王已经动了气，但依旧坚持自己的主张，绝不轻易出战。到了这年四月，秦赵双方发生了一次激烈的交战，这场战斗一直延续到了七月，其间赵国丢失了两处要地，西营垒也被秦军占领，局势渐渐倒向秦国。但纵使战局如此不利，廉颇还是下令退守丹河，固守阵地，与秦军隔河对峙。赵军充分利用了丹河的有利地形，以不变应万变。而在秦国方面，接连几个月的战斗，使得秦军损伤无数，士气也有很大的下降。

战争就这样陷入僵局，秦将王龁虽然急于一战，但碍于廉颇的严防死守，三年内都没有越过丹河一步。从当时的局势来看，秦、赵两国谁能取得此次战争的胜利还是一个未知数。如果赵国此时能一直坚持廉颇的战争策略，此战或许还有一丝胜利的希望。但秦相范雎老谋深算，在他得知赵孝成王和廉颇在战略方针上出现了分歧的时候，便觉得有机可乘。

此时，赵国派使者郑朱前往秦国议和。秦国为了制造秦、赵两国和解的假象，假意殷勤接待郑朱。因为东方诸国虽然实力都不能与秦国抗衡，但一旦形成"合纵"之势，事情就会变得棘手。但如果诸国认为秦、赵两国已然和解，必然会孤立赵国，使赵国陷入无援之地。

除制造和解的假象之外，在范雎的授意下，秦国间谍带着大批的金银珠宝秘密地潜入了赵国，意图挑拨赵孝成王和廉颇的关系，让赵国更换统军将领。不久，赵国国内就谣言四起，说廉颇不战，乃是怯战，秦军其实根本不足为惧，如果派马服君赵奢的儿子赵括出战，必然能一举克敌。秦国的间谍还用重金收买了赵国的权臣，于是他们向赵孝成王进言，希望撤换廉颇，派赵括前往长平。

赵括的名气虽大，却比不上他的父亲赵奢。赵奢是赵国赫赫有名的大将，曾率军在阏与打败秦军，震惊诸侯。

赵括出生于武将之家，从小就酷爱兵法，谈起军事来可以说是头头是道。从小就爱学习本不是什么坏事，但赵括并没有继承其父隐忍稳重的性格特点，反而有些浮夸自大，自认为论兵法，世上无出其右。赵括经常和父亲探讨为将用兵之道，面对父亲提出的问题，赵括每次都是对答如流，但赵奢怕他因此自恃才高，所以从来都不夸奖他。其妻觉得十分奇怪，赵奢就解释说，打仗一事关乎将士的生死和国家的存亡，但在赵括口中如同儿戏般轻松，倘若以他为将，军队一定会大败。

当时赵括在赵国名气是很大的，否则秦国也不会选他来作为"反间计"的主角。当年赵奢在世的时候，曾奉命去攻打齐国的孤城麦丘，此时陪伴在他左右的就有他的儿子赵括。

在赵奢出战之前，赵国的军队就已经进攻麦丘多时，但一直都没有将其攻下。此时的齐国虽然实力大不如前，但麦丘因为粮草充足，且又有墨家的弟子帮助守城，所以成为一块难啃的硬骨头。但赵惠文王可不管困难有多大，他派赵奢出征，且命他一个月之内一定要拿下麦丘。

赵奢来到麦丘，延续了之前的强攻策略，但收效甚微。就在赵奢陷入迷茫之际，他饱读兵书的儿子赵括站了出来，劝父亲换个策略，先了解麦丘城中的情况再做打算，知己知彼，方能百战百胜。

赵奢见他说得颇有道理，于是就抓来一些齐国的俘虏来询问情况。没想到这些齐国人虽然被俘，却有着爱国之心，面对赵奢的问话一概不答。赵奢见他们如此，也没有别的办法，赵括却不这样想。他见硬的不成就来软的，不仅好吃好喝地供着他们，还发放钱粮，让他们回家去和亲人团聚。

在赵括的糖衣炮弹下，这些俘虏终于归顺赵军，并供出了一个有利于赵军的大好消息：麦丘现在已经断粮了，根本撑不了多久。此时赵括又心生一计，他将这些俘虏放回城去，散发赵军有粮且善待俘虏的消息，又每日不停地向城中投放粮食。不久之后，百姓哗变，出城投降，麦丘不攻自破。赵奢完成了赵惠文王交予的任务，而年纪轻轻的赵括也因此名声高涨。

从麦丘之战来说，赵括的确是有些才气的，但当时的情况是他的父亲赵奢为主帅，他只是充当一个谋士的角色，大事并不由他定夺。倘若让他独自领军出战，以他急躁且自负的性格，后果可想而知。

但并非每个人都了解赵括，比如说赵孝成王，他就坚信赵括是名将之后，且名气在外，派他前去定然不会有所差池。再加上他本来就不满廉颇以守为攻的战略方针，用赵括替换廉颇的建议正合他的心意。赵孝成王不了解赵括其实并不打紧，但可怕的是秦国丞相范雎对赵括只会"纸上谈兵"的特点了然于心。

不知就里的赵孝成王最终听信了传言，下令让赵括前往长平取代廉颇。虽然赵国此时大多数人都中了秦国的"反间计"，但还是有两个清醒的人，一个是蔺相如，另一个是赵奢的妻子、赵括的母亲。

蔺相如此时虽然尚在病中，但为了大局，他还是拖着病体前去劝谏赵孝成王。蔺相如劝赵孝成王不要听信谣言任用赵括为将，他还做了一个很好的比喻，说赵孝成王听信谗言，就如同用胶将调弦的柱黏死，不知道变通，又怎么能弹奏得出好的乐曲呢？但赵孝成王不听。蔺相如之所以反对赵括出征，是因为他知道赵括只懂得背诵兵书上的教条，对于实地作战可以说是毫无经验。

那么，赵括的母亲面对这个可以让儿子建功立业、大展宏图的机会，为什么还要站出来反对呢？

所谓"知子莫若母"，赵括的母亲自然知道自己的儿子到底实力如何，再加之赵奢生前与她的那次深谈，她不能让赵国的前途断送在儿子手中。为了国家的荣誉和利益，她劝赵孝成王万万不可用赵括统军，一旦赵军由赵括统领，赵国此战必然会一败涂地。对于赵括之母的举动，赵孝成王十分不解。于是其母就告诉赵孝成王赵括和其父赵奢不同，赵奢能够与将士同甘共苦，而赵括却很自私，他将大王所赏赐的钱财全部收归己有，手下之人对他只有惧怕，根本没有与他交心之人。可是，此时的赵孝成王心意已决，又怎听得进他人的劝谏？最终，他还是授予赵括上将军之职，命其火速前往长平统军作战，同时答应了赵母，一旦兵败，绝不牵连于她。

秦国知道大事已成，就暗中将大将白起调往长平，命王龁为副将，协助白起统领秦军。任用白起为将之后，秦昭襄王还另外派遣了一支增援部队开赴长平，并下令严守此机密，称"敢泄武安君为将者斩"。

白起久经沙场，战斗经验十分丰富。他曾率秦军与韩魏联军大战于伊阙，斩杀敌军二十余万。破楚的鄢郢之战也是以他为统帅，楚国因为此战而一蹶不振。白起知道赵括是个没有实战经验、只会纸上谈兵的庸才，针对赵括的特点，他对秦国的兵力进行了严密的部署，确立了诱敌深入、围而歼之的作战方案。

年轻气盛的赵括一来到长平，就将廉颇之前制定的作战方案全部推翻，不仅更换了左右将领，还改变了之前的军中制度。一时间，赵军上下军心动荡，统领和将士之间离心离德，斗志大不如前。

与此同时，赵括还下令转守为攻，马上调兵遣将，准备向秦军发起攻击，夺回上党十七县。赵括此举正中白起下怀，他命令秦军佯装败退，引诱赵军出战。赵括自然不知白起是以退为进，以为秦军真的是惧怕自己的威势，于是越发得意了，便命赵军倾巢而出。秦军且战且败，一路向营垒方向退去，而赵军在后面紧追不舍。

秦军大营驻扎在一个峡谷之中，赵军一旦进了谷，就如同进入了一个大口袋。此时秦军只需将谷口守死，赵军只能是腹背受敌，插翅难逃。果不其然，等到赵军气势汹汹地追着秦军进入峡谷之后，秦军的近三万骑兵便从四面八方涌了出来。秦国的骑兵部队迅速分为两路，从赵军两侧插到了赵军后方的谷口位置，将赵军整个包围了起来。此时的赵军成了瓮中之鳖，进也不是，退也不是，只能在谷中和秦军对战。

围了赵军主力之后，白起为避免赵国后方来援，又派出一支由五千人组成的车骑部队赶往赵军的大营，将留守的赵军监视起来。

赵军眼见被围，顿时乱作一团，其精锐部队左右冲击，想突破秦军的包围圈。对于赵军的举动，秦国早就做好了准备，由骁勇善战的骑兵迎战赵军，以挫其兵锋，将战争主动权牢牢掌握在自己手中。

赵括见初战不利，又害怕秦军将赵军分而歼之，于是便下令将所有的部队都集结在一起，修起了防御工事，等待后方的救援。

虽然秦国方面死守消息，但赵军在长平被围的消息还是传回了邯郸。赵国君臣听说了此事后大为震惊，举国上下人心惶惶。经过君臣商议，认为此时最重要的就是火速派遣救援部队前去长平解救危局。赵孝成王下令，命赵国境内剩下的部队火速集结，不惜一切代价前往长平救援。

秦昭襄王得知赵国倾全国之力解救长平，也感觉到事态的严重性，或许此时就是与赵国决一死战的机会。秦昭襄王亲自前往河内征兵，河内十五岁以上的男丁悉数从军，前往长平参战。

这支新组建的军队从河内出发之后，没有直接参与到前方的战斗中，而是直接行军至丹朱岭。丹朱岭的位置在赵军于长平的大营之后，秦军占领了此地，便彻底地阻绝了长平的赵军和后方的联系，达到了其纵深包围的目的。

时间一直持续到了九月份，此时的赵军已经被围一个半月，后方的援军根本进不了长平。粮草断绝已久的赵军只有靠吃战马和死尸来维持生命，全军将士无论是身体还是精神都已经濒临崩溃。赵括知道再守下去也等不来援军，坐以待毙只能是死路一条，杀出重围，也许才能获得一线生机。

赵括将剩下的精锐部队归拢起来，分成了四个小队，不停地突围。虽然赵国的骑兵不分昼夜地出击，想要突破包围圈，但无奈秦军的围守如同铜墙铁壁一般，根本无法轻易冲破。此时赵括身负众望，冲杀在最前方。秦军弓箭手万弩齐发，赵括最终战死沙场。

主帅一死，赵军失去了主心骨。奄奄一息的赵军突围无望，又无援军来救，只得放下武器，全体向秦军投降。秦军接受了赵军的投降，马上解除了赵军的武装。据记载，四十万赵军的兵器和甲胄，堆起来如同几座小山。

当属下来征询如何处理战俘的意见时，白起说了这样一句话，其称："赵卒反复，非尽杀之，恐为乱。"意思是，赵人反复无常，留下来必为祸患。

就因为白起的这一句话，赵国四十万俘虏全部被坑杀，秦军只将赵军中年幼之人放回，其数总共还不足三百人。至此，秦国彻彻底底地取得了长平之战的胜利。长平战败，军士被坑杀的消息传回了赵国，举国陷入悲痛和哀悼之中。

历经长平一役，赵国从此一蹶不振，再也无力与秦国抗衡，而其他诸侯国也因此战受到巨大的威慑。至此，形成了秦国一家独大的局面。

窃符救赵

赵国和魏国一直交好，且两国又是姻亲，所以在邯郸战事逐渐吃紧的时候，赵国就向魏国派出了使者请求援助。魏安釐王接到赵国求救的消息后自然不敢怠慢，马上派大将晋鄙率十万精兵北上援赵。秦昭襄王得知此事后，派使者来到魏国，告诉魏安釐王，说邯郸久攻不下，诸侯之间有胆敢前去相救的，就是与秦国作对。秦国结束了与赵国的战事之后，就会发兵攻打。

　　魏安釐王胆小多疑，受秦国恐吓后，他派人命晋鄙原地待命，想看看局势再做打算。其实安釐王这么做也是有自己的理由的。魏国曾深受秦国之害，因为实力不如秦国，所以经常受其侵扰。秦国曾经出兵攻打过魏国的都城大梁，夺取了许多土地。

　　就这样，魏国援助赵国的军队就这样停在漳水之南的邺城，距目的地邯郸只有一日的路程。平原君见援军迟迟不来，顿时心急如焚。当他得知魏国受到秦国的恐吓不敢援赵的时候，马上修书一封，派人马不停蹄地送给魏国的公子魏无忌，希望他能想办法救赵国于危难之中。

　　魏国公子魏无忌就是当时赫赫有名的四公子之一的信陵君，他为人敦厚，十分重情义。

　　魏无忌和赵国的平原君有亲戚关系，他的姐姐是平原君的夫人，而他则是平原君的内弟。信陵君得知邯郸告急，而魏国的军队又停在半途之后，马上入宫求魏安釐王发兵。但魏安釐王惧怕秦国的威势，迟迟不肯做决断。

　　魏国方面，信陵君救赵心切，但多次入宫都没有取得什么实际的效果。信陵君一心想要救赵，他知道去求安釐王已经没有什么用了，就准备带领自己手下的宾客前去邯郸，誓与赵国共存亡。

　　就在信陵君和他的门客们经过夷门的时候，一个重要的人物出现了，那就是侯嬴。侯嬴又称侯生，本是大梁城夷门的守门人，身份十分低微。信陵君听人说他很有才能，便有意与他结交。信陵君一贯礼贤下士，为了求取一位人才，竟然屈尊亲自去见侯生，态度也十分恭敬。其后，信陵君还亲自为侯生驾车，置其他宾客于不顾。由此可见，信陵君对侯生是何等看重。

　　但这次信陵君带着宾客去援救赵国，侯生并没有随同他前往。等一干人等到达夷门的时候，他才站出来说了一些不痛不痒的送别的客套话，丝毫没有与信陵君一起赴死的意思。

侯生的态度让信陵君十分恼怒。他待侯生如此恭敬，超过了其他任何的宾客，但侯生却在他面临险境的时候弃他于不顾，这实在不合情理。信陵君虽然当时没说什么，但后来越想越不对劲，于是就调转车头回来问侯生为什么要如此对他。

侯生见信陵君回来找他，居然十分高兴。他笑着对信陵君说，他就知道公子会回来一问究竟。信陵君十分不解，侯生便解释说，公子待他的诚心，自然是无人不知，无人不晓，但他恩将仇报，这样对待公子，谁都会不理解的，所以他说自己知道信陵君一定会回来找他。

侯生又对信陵君说，他带着宾客去邯郸，无疑是羊入虎口，自寻死路，实在不是明智的选择。信陵君听侯生如此说，知道他心中已有妙计，就将其请入室内，与他单独商议。

不出信陵君所料，侯生果然向他献了一计。他说兵符就放在安釐王的卧室内，如今安釐王最宠爱的女人是如姬，如果能得到她的帮助，一定能将兵符顺利地偷出来。

信陵君觉得这是个好办法，如姬深受安釐王宠幸，进出寝宫自然是十分方便，但她又怎么会冒这么大的风险去帮自己偷兵符呢？侯嬴又对信陵君说，如姬的父亲当年被人所杀，她为了替父报仇，悬赏了三年，都没有找到仇人。如姬知道公子您威名远播，曾经向您哭诉，希望您能帮她找出仇人。后来您为她报仇雪恨，她感激不尽。如今公子您只要去求如姬，她一定会帮您拿出兵符，得到兵符之后，您就可以率大军救赵。一旦帮助赵国击退了秦军，那就是您所创下的丰功伟业了。

信陵君此时也想不出别的办法，只得听从了侯嬴的计策，前去拜见如姬。如姬本来就十分敬仰信陵君，她又感激信陵君为自己报了杀父之仇，自然是愿意助信陵君一臂之力的。在如姬的帮助下，信陵君顺利地拿到了兵符，准备前去邺城接管晋鄙的军队。

就在信陵君即将出发的时候，侯生又对他说了一番话，并向他推荐了一个人，那就是他的好友朱亥。侯生说"将在外，军令有所不受"，如果晋鄙见到兵符，心生怀疑，不肯将军权交出，那事情就麻烦了。为防万一，希望公子能带上他的朋友朱亥。朱亥虽然是个屠夫，但力大无穷，是个不可多得的力士。一旦有突发状况，他可以帮助公子杀掉晋鄙。

信陵君生性善良，怜惜晋鄙是魏国的老将，为国家立下过汗马功劳，以至于落下了眼泪。但为了救赵的大计，信陵君还是听取了侯生的建议，带着朱亥，马不停蹄地赶往邺城，而侯生因为年老体衰，所以没有随行。

侯生也知道信陵君不忍杀掉晋鄙，因此心生内疚之情，但这也是关键时刻万不得已的计策。所以在信陵君快要到达目的地的时候，侯生面朝邺城的方向拔剑自刎，以此来报答信陵君对他的信任，其忠贞之心令人潸然泪下。

到了邺城之后，信陵君拿出兵符，假传安釐王的命令，要取代晋鄙统领全军。晋鄙虽然见了兵符，却也心生疑惑，自己并未犯下什么过错，安釐王为何派信陵君前来替换自己呢？为了谨慎起见，晋鄙对信陵君说，他奉大王的命令带领十万大军驻扎在此，这是国家给予我的重任。如今公子您孤身一人带着兵符到了这里，突然要将我换下，这是怎么回事？

信陵君也没法跟他解释，但事情一旦被晋鄙识破，便前功尽弃了，还有不少人会受到牵连。就在这千钧一发之际，站在信陵君旁边的朱亥突然从袖子里拿出一个四十斤重的铁锤，打死了晋鄙。主将一死，信陵君顺利地接管了魏国的十万大军。

其后信陵君下令，如果父子都在军中，那么父亲回国，儿子留下来作战；如果兄弟都在军中，那么弟弟留下，哥哥回国照顾父母家人；如果是家中独子，也可以回国。这一道充满人情味的军令又一次显示了信陵君的仁慈之心。除去这些被遣送回国的将士之外，一共剩下了八万余人。在信陵君的指挥下，魏国这八万大军继续北上，踏上了解救赵国的道路。

秦国这回栽了

公元前 257 年十二月初，魏国和楚国的援军都先后赶到赵国，并在邯郸城的外围驻扎下来。与此同时，郑安平率领的秦国增援部队也赶到了邯郸，一场声势浩大的战争就要拉开帷幕。

魏楚联军到来的消息令赵国方面松了一口气，但真正的危机尚未解决。面对各国的援军，秦国不但没有慌乱，反而增加了兵力，一部分驻扎在汾城，另一部分则继续围攻邯郸。秦军身经百战且又经验丰富，肯定预料到各国会"合纵"抗秦。

其实秦国为应对各国的援军早就做好了准备，虽然对邯郸的围攻十分艰难，但秦军内部还是有一部分部队始终没有投入攻打邯郸的战斗中去。随着时间的推移，秦国还在不断地增加这支部队的实力。大战开始之际，秦昭襄王派张唐带领这支部队驻扎在汾城外围，准备阻击诸侯的援军。

秦军虽然准备充分，但赵国方面不断地派出小股兵力骚扰秦军后方的补给线。赵国此举让秦国防不胜防，只得将前方的部分兵力调回以保障军队的粮草和物资供给。如此一来，秦国在邯郸主战场的兵力就不如之前那么强大了。

至于邯郸城内，境况一如往常的凄惨。秦国固然实力强劲，可以兵分多路，在抗击援军的时候不耽误攻城，但如果能在援军到来之前就将邯郸拿下，那就可以节约不少兵力。所以在援军尚未到来的这段时间内，秦军进攻的强度可以说是与日俱增。在饥饿和死亡的重压之下，邯郸城内出现了主动向秦军投降的声音。而邯郸之所以能够在如此剧烈的冲击下坚持这么久，靠的就是赵国的上下一心，如今一旦人心涣散，破城就在旦夕之间。

作为邯郸战役的主要政治领导人，平原君陷入焦虑之中。这时他的门客李谈向他提出了一个建议，让他将邯郸城内的妇女都收编入军，并倾尽其家财来鼓舞士气。李谈对平原君说，如今邯郸危在旦夕，但后宫的姬妾们依旧穿着绫罗绸缎，享用着美酒佳肴，可知城中的百姓吃的却是草根树皮。再者，城内的兵器都已经消耗殆尽，只得将木头充当武器，公子您的珍宝玉器却一点儿也没有减少，这让百姓们怎么一心抗敌呢？

李谈说完，又对平原君做了一个假设，如果邯郸被秦军攻破，平原君的这些金银珠宝也保不住，但如果能够保全赵国，更大的荣华富贵都不在话下，何况这些东西呢？听了李谈的话，平原君陷入沉思。最终他听取了李谈的建议，并亲自组织了由三千勇士组成的敢死队，时刻准备出城抗敌。到此，赵国的士气又重新振作了起来。

十二月底，已经到达的魏楚联军在信陵君的指挥下，对秦军发起了强烈的进攻。魏国从西面，楚国从东面，分两路开始了强攻。与此同时，留守在邯郸城内的赵国三千敢死队也在李谈的率领下从正面出击秦军，巧妙地配合了魏楚联军。

其实秦国此次的战略布局还是比较合理的，其军队主要分为三部分，主力部队负责继续围攻邯郸，一部分保障粮草运输的畅通，还有一部分抗击魏楚联军。值得注意的是，秦国这三方面的军队相隔并不遥远，一旦出现什么问题，也可以互相援助。

客观来说，秦国如此部署可以说是攻守两方面都没有耽误。出乎意料的是，赵国居然在援军到来之时一改之前小心防守的策略，派出三千敢死队主动出击。这样一来，就使得围攻邯郸的秦军腹背受敌。

魏楚联军来势汹汹，与秦军在邯郸城外展开了激烈的战斗。信陵君和春申君自然知道秦国的实力，所以丝毫不敢怠慢，秦国方面与之相对的是王龁和张唐。两军交战不久，魏国就折损了六千兵力，其后魏楚两国损失的兵力也达到两万多人。而秦国在阻击魏楚联军的过程中也损失不少，这一点也在很大程度上影响了之后的决战。

自秦、赵之战开始，秦军在邯郸城外围攻了将近两年，已经是疲惫不堪，如今又受到赵、楚、魏的三面夹击，自然抵抗不住，没过多久就全线崩溃。在这种情况下，王龁率领秦国的主力部队急忙向西边撤退，逃回了守地——汾城。不幸的是，郑安平此次带来的两万援军却被三国联军围困在邯郸城之南。

郑安平完全没有料到邯郸城内的赵军会如此英勇，但此时他的部队已和主力部队彻底分离，可以说是孤军奋战。眼见粮草断绝，突围又无望，郑安平只得带领全军投降了赵国。

郑安平降赵之后，邯郸之围暂时解除，联军乘胜追击，继续进攻西边的汾城。此时的秦军已经乱作一团，根本无心作战，最后被联军打得落花流水，剩下的残兵败将只得逃回了河西地区。这时三国联军和秦军隔河相望，双方僵持不下。

大势所趋，秦昭襄王也是无可奈何。四国议和之后，魏国收回了之前被秦国占领的河东地区，赵国收回了太原郡，而上党之地也交还给了韩国。

邯郸保卫战历时三年，涉及的国家众多，其声势之浩大也是战国历史上少有的。秦国仰仗自己国力雄厚，想一举吞并原来实力强劲的对手赵国，却在"合纵"联盟的抗击下折戟而归。

邯郸一役，秦国军队损伤大半，之前六年侵占的领土也全部丢失。虽然赵国取得了这次战争最后的胜利，但其在军事、政治等方面的地位却没有得到明显的改善和提高，而秦国一统天下的野心一丝也没有减少。从某种程度上来说，赵国完胜却大伤元气，秦国虽败却未伤及根本，邯郸保卫战只不过是稍微拖延了秦国统一六国的进程。

西周至此完结

在邯郸战事吃紧之时，秦昭襄王还是一直都存有起用白起之心，但白起心高气傲，没给秦昭襄王面子。到了决战时刻，秦昭襄王心中也逐渐嗅到了失败的气息。一贯自负的他怎么能承受如此惨烈的失败？于是便将所有的怒火发泄到了白起的身上，当然其中也有范雎的不少"功劳"。

公元前257年，失去了政治地位的白起被驱逐出了咸阳。白起走后，范雎对秦昭襄王说，白起被贬为平民，又被逐出国都，肯定心有不服，留下他恐怕会有后患。秦昭襄王听信范雎所言，于是下令赐死白起。

经过这次战争，秦国从根本上意识到，想要成功地完成统一天下的大业，最根本的是要瓦解诸侯国的"合纵"联盟，使他们不攻自破。出于这个目的，秦昭襄王向各个诸侯国都派出了使者。与此同时，周朝也感觉到了威胁，于是便派使者亲自赶往秦国。

此时的周王朝已经是名存实亡，周朝的使者早就听说过秦国的威势，他怕在秦国受到歧视，所以走到半路就折返回去了，根本没有按照之前的计划到达咸阳。

有人见使者无功而返，就劝他说，秦王对你的态度如何，现在还不能确定，如果想要知道东方三国的真实情况，就一定要前去拜见秦王。如果秦王对你此行十分看重，那就说明他还是在意周王朝的地位，而周王朝谦恭有礼的态度也会获得秦王的信任。如此一来，周朝便还有立锥之地。

使者觉得此人说得很有道理，于是又一次踏上了前往咸阳的道路。这一次，他终于成功地见到了秦昭襄王。在秦国的大殿之上，周朝的使者俯首拜见昭襄王，宗主国和诸侯国地位的转换，由此可见一斑。

秦昭襄王问使者此次前来所为何事，使者回答说，此次前来是为了解救秦国。秦国的大臣听他说出这种话，都露出了鄙夷之色。有人就笑着说道，周朝不过方圆百里，不求自保，还说什么为秦国解围，秦国如此强大，又何须周朝担忧。

秦昭襄王心中也有些不解，就问使者何出此言。使者便将六国联盟之事告诉了昭襄王，并问秦昭襄王秦国可有解决之法。秦昭襄王摇了摇头，使者就建议秦昭襄王以金钱为手段，破坏六国的盟约，但秦国一定要保证周王朝的平安。

秦昭襄王此时正为六国联盟的事情而烦恼，于是便答应了使者的请求。送走使者之后，秦国就派出使臣唐雎带着一车的金银和美女来到了赵国。在宰相范雎的示意下，唐雎在武安摆下了宴席，并且将黄金赠给了赵国不主张进攻秦国的人。其后，范雎又送了五千金到武安，名曰收买天下有才之士，其实是为了破坏六国的盟约。

那些靠游说诸国谋生的合纵之士，不乏见钱眼开之辈。他们见到了秦国的财宝，就将"合纵"盟约抛诸脑后，开始为钱财争斗起来。六国联军本来就在函谷关受到了秦军的阻截，如此一来更军心大乱。各国的军队作鸟兽散，诸国的"合纵"联盟又一次以失败告终。秦国此次未费一兵一卒，仅用不到一万金，就成功瓦解了六国联盟，一方面显示出秦国外交手段的高明，另一方面显示出六国联盟关系的脆弱。

一年之后，秦昭襄王见时机已经成熟，便果断地派出十万大军攻取韩国的阳城、负黍两地，而负责此次东征的是秦国的贵族——赵摎。诸国本以为秦国不会这么快出手，所以听到赵摎攻韩的消息后都十分惊慌。

直接受到威胁的山东六国准备再次结成"合纵"之势，联合起来抗击秦国。就在此时，西周公站了出来。周朝分裂之后，东周的国君就称为"东周公"，西周的国君就称为"西周公"。

此时周天子周赧王已经年过八十，体弱多病的他根本无力治理国事，所以周朝的大权都掌握在西周公的手中。西周公当然不愿意周王朝被秦国取而代之，为了自己的利益，他主动站出来组织东方六国的"合纵"。

韩国是秦国这次直接打击的对象。韩国国君一听说西周公要组织"合纵"，马上派出使者告知西周公，如果此次能靠"合纵"成功地击退秦军，救韩国于水火之中，韩国愿意将阳城和负黍两地献给周天子。韩国表面上说将两座城池敬献给周天子，实际上就是为了贿赂周朝此时的实际掌权者——西周公。

西周公贪图韩国的小利，马上就答应了韩国国君的请求。但西周公的举动明显违反了周朝丞相与秦昭襄王的约定，这让秦昭襄王大为恼火。在秦昭襄王看来，周朝主动来到咸阳献计，他又念及周和秦本是同源，这才暂时放过周朝，已经是仁至义尽。如今西周公居然出尔反尔，做出这种小人的勾当，还想率领六国的军队攻打秦国，那自己就没必要再对周王朝客气了。

在秦昭襄王下定决心灭周的时候，西周公带着他的军队开始对秦国发动了进攻。据记载，西周公这次集结的军队共计十万之数，可以说是倾尽周朝之国力。但是，这十万军队基本上没有什么战斗力，全是一些乌合之众。在实力强劲的秦军面前，不到两个时辰就被打得溃不成军。

周朝好不容易集结起来的十万"王师"就这样被秦军杀得片甲不留，首领西周公也成了秦国的俘虏。那些剩下的残兵败将见大势已去，纷纷向秦国投降。一次看起来声势浩大的"合纵"联盟就这样在顷刻间化为乌有。

西周公被俘获之后可谓是万念俱灰，他听说过秦军在长平坑杀了四十万赵军，其手段之狠辣，世间少有。所以当他看到前来审问他的赵摎时，吓得浑身发抖，生怕赵摎将他处死。西周公抱着赵摎的腿泣不成声，主动要将自己所有的封地和百姓都献给秦昭襄王，只求秦昭襄王能够饶他一死。

赵摎见他如此自觉，倒省了自己的气力，心中自然十分愿意。

赵摎将西周公的请求告知秦昭襄王，请求他的意见。秦昭襄王下令将西周的三十六座城邑全部划入秦国的版图，将代表着帝王之尊的九鼎运送到咸阳。除此之外，为了防止西周的军民有造反之心，则将西周的三万民众全部迁往东周。秦昭襄王遵照和西周公的约定，留了他的性命，但将他迁到狐这个地方。至于周赧王，依旧让他住在洛阳城，但已经是一个毫无权力的傀儡了。

周朝自建立以来，一直是诸侯之首，也是天下的政治中心，但在周郑交质之后，周王朝的地位一落千丈，甚至连一般的诸侯国都不如，只是维持了一个"周天子"的虚名。战国以来，诸侯割据，天下大乱，周王朝基本上失去了对局势的控制力，被强大的诸侯国任意摆布。分裂之后的统一是历史必经的道路，周朝由兴至衰直至灭亡也是不可扭转的趋势。

周赧王去世之后，周国的百姓纷纷逃亡东方。七年之后，秦庄襄王灭东周，周朝就这样退出了历史的舞台，而秦国一统天下的曙光就在前方。

商人的眼光

吕不韦，卫国濮阳（今河南濮阳）人。他出身于商人家庭，从小耳濡目染，跟随父亲学着经商，加之吕不韦很有经商的天赋，他"往来贩贱卖贵"，很快便"家累千金"，成为一代名商。

吕不韦在这次邯郸之行时，发现了新的"商机"。这个"商机"之大，远远超出之前他所做过的所有买卖。

对于如此重大的事情，吕不韦要与家人商讨一下。到家后，吕不韦将自己一路深思熟虑所下的决定说与父亲。他问父亲："耕田之利几倍？"父亲回答："十倍。"之后，他又以百倍利益的珠宝来问父亲，当把父亲的心理位置调到一定高度时，他才打出了关键："立国家之主。"相对于成为一国之主来说，种田、贩卖珠宝只是小打小闹，仅仅为满足自己的口腹，而一旦成为一国之主，全天下都是自己的了，自己想获得多少利润，就能获得多少利润。

此时，远在赵国的邯郸，与吕不韦父子谈话密切相关的人，吕不韦眼中的大"商机"——异人——秦王庶出的孙子正处于生活窘迫、饱受煎熬中。

秦国的太子于秦昭襄王四十年（公元前267年）死在魏国。两年后（公元前265年），秦王立次子安国君，也就是异人的父亲为太子。安国君的儿子有二十多个，异人排行居中，其母亲叫夏姬，在安国君后宫众多女人中，不受宠爱，也没有什么地位。

异人处在这样的境况中，注定了他的不受重视。不但如此，一碰到什么不好的事，别人都会推到他头上，所以，他被送到赵国当人质。作为人质，异人没有人身自由，处处受制于人，同时要时时刻刻担心自己的脑袋会不会掉下来。

祸不单行，偏偏在异人做人质的时候，秦国多次攻打赵国，于是，赵国人对异人的态度可想而知。虽然也是王子，但异人无疑是最不像王子的一位。不说日常出行没有什么象征自己身份和地位的车驾与随行人员，就连日常用的财物都不充足。在连吃饭、穿衣都成问题的情况下，异人如何能维持王子的形象，更不用说要成为一代王者了。

吕不韦见到异人后，认为此人"奇货可居"。他去拜见异人，对异人说："吾能大子之门。"意思是，你若想光大自己的门庭，不再像现在这样使自己受控于他人。我能帮你达到这个愿望。显然，作为一个社会地位不是很高的商人，吕不韦并没有得到异人的重视，甚至，异人认为吕不韦就是个笑话："且自大君之门，而乃大吾门！"意思是，你连自己的门庭都没有光大呢，还是等你把自己的事情解决了，再来说光大我的门庭吧！

吕不韦当然看出异人没把他当回事。但他并不气馁，也不灰心。经过无数次的商场战斗，他已经学会了等待、忍耐，就像一只狩猎的狮子，随时观察，找到对方的致命之处后，一击而毙。吕不韦顺着异人的话说："子不知也，吾门待子门而大。"意思是，你可能不了解我的情况，我的门庭需要仰仗你的门庭壮大而壮大。每一个商人都希望提高自己的社会地位，但这不是花钱就能买到的，需要去依仗政客来拔高自己。

异人自然也清楚这种状况，凭现在的自己，如果没有助力，尤其是钱财方面，将寸步难行，也很难在政治上有所发展。吕不韦或许就是他失掉的臂膀。他拉吕不韦坐下来，准备深入了解一下眼前的这个人。

吕不韦为他分析了局势：秦王已经老了，你父亲安国君是太子。听说安国君非常宠爱华阳夫人，而华阳夫人没有儿子，将来安国君登上王位后，对选太子起决定作用的当属华阳夫人了。异人你在众多兄弟中不受宠，还被远远发配到赵国来当人质。假如秦王百年后，你父亲登基，而你远在赵国，你还能和那些一直在秦王身边的兄弟争夺太子之位吗？

吕不韦切中要点，异人深以为是，自己的状况自己清楚，无奈身处此种境地，他也曾苦思过对策，仍是没有更好的出路，他希望吕不韦能给他带来一条新的道路。

吕不韦从自己的角度出发分析，异人没钱，而他有钱。如果想要成为嗣子，就需要获得更多的支持者。让别人支持，不是凭你三寸不烂之舌，或者是成为太子后怎样，一些子虚乌有的承诺就能打动人，让人为你卖命的。同时，他也向异人表明了自己的决心与忠心：我没有太多钱，但我愿意拿出所有来支持你。如此，吕不韦轻松取得了异人的信任与肯定。

吕不韦还献计：自己拿出的钱可以用于去秦国游说的经费，孝敬安国君和华阳夫人这两位关键人物。异人对其表示感谢，也适时表明态度：既然你忠心为我，我也不会亏待你的，事成之后，我与你共享秦国。

吕不韦见自己的目的已经达到，便拿出五百金给异人，用于日常支出和结交宾客所用。另外，又拿出五百金购买一些珍奇玩物，自己带着去了秦国。

吕不韦的投资

华阳夫人是秦昭襄王的太子、异人的父亲安国君嬴柱最宠爱的姬妾。有一个问题一直困扰着华阳夫人，那就是她始终没有子嗣来稳固这种宠爱。

华阳夫人毕竟是王室贵人，她的地位是吕不韦这种商人所远远不能企及的。因此，虽然吕不韦将目标定在了华阳夫人身上，却苦苦找不到机会接近华阳夫人，即便有机会接近，那又怎么去说服她收异人为义子呢？华阳夫人又凭什么听一个商人的话呢？吕不韦必须再好好思考一下。

后来，吕不韦将目标从华阳夫人身上移到了她姐姐这里，要拉拢华阳夫人，就先拉拢她的姐姐。毕竟，华阳夫人姐姐的地位低于华阳夫人，吕不韦想要借机接近她还是比较容易的。

华阳夫人的姐姐收到了吕不韦的礼物后，心中大喜。当然，这种礼物的收受是不能搬上台面讲的，吕不韦还必须给华阳夫人的姐姐一个正当的说法。因此，吕不韦便先对华阳夫人的姐姐讲起了异人是如何如何仁孝，如何如何贤智，说异人在赵国经常"以夫人为天，日夜泣思太子及夫人"。说完异人的好处后，吕不韦接着便对华阳夫人的姐姐说出自己心中的想法：华阳夫人现在很受宠，但是总有年老色衰的一天，而安国君身为太子，迟早会成为国君，到那时，华阳夫人因为没有子嗣，必然不会像现在这样受宠。这段话正点到了华阳夫人的痛处，而身为姐姐如何不懂得妹妹的心思呢？因此，华阳夫人的姐姐便和吕不韦暗中做了一个交易：帮吕不韦说服华阳夫人认异人为义子。

有一次，吕不韦邀请异人参加酒宴。在宴席上，吕不韦令一群舞姬上来献舞助兴。当时异人已经有点醉了，异人忽然从这群仙女中看到了一个姿色最绝的美女，异人难以掩饰心中的激动，立即请求吕不韦将这个女子献给自己。

吕不韦顺着异人手指的方向望去，原来异人想要的女子竟然是自己的小妾赵姬。赵姬因妖媚异常，故深得吕不韦的宠爱。可是，现在异人竟然要自己的爱妾，这叫吕不韦如何舍得？很快，商人的理性压制了这种不平衡，吕不韦装出不在意的样子，忍痛将赵姬献给了异人。异人见吕不韦对自己果然是一片忠心，心里大喜，对吕不韦越来越信任了。

就在华阳夫人的姐姐和吕不韦达成交易后，她立即赶往妹妹的府中，将吕不韦送给华阳夫人的宝物送给了她，然后对她说明了吕不韦的心意。见妹妹已经有些动心，华阳夫人的姐姐便以长者的姿态建议——希望华阳夫人能答应吕不韦的要求，认异人这个可怜又可爱的孩子做义子。

华阳夫人明白，自己作为安国君最宠爱的妃子，要想继续掌握威慑后宫的权力，就必须为自己找个儿子，让他来接替丈夫的王位。因此，当姐姐在自己耳边建言献策时，华阳夫人觉得这倒也不失为一个好点子。

华阳夫人决定认异人为义子后，便开始实行她甜言蜜语式的轰炸攻击了。在华阳夫人的多次恳求下，安国君最终同意让华阳夫人认异人为义子。

让异人和吕不韦高兴的事除顺利成为华阳夫人的义子外，还有一件，那就是赵姬生了个儿子。

在异人回国的第二年，也就是秦昭襄王五十六年（公元前251年），秦昭襄王去世。这意味着太子安国君将接替秦昭襄王而成为新一代的秦王，而安国君成为秦王也意味着子楚（异人回到秦国后，为讨好来自楚国的华阳夫人，就改名为子楚）将因此而登上秦国太子的位置，成为秦王的下一任接班人。

子楚顺利当上了秦国太子，赵国此时已经不敢欺负这个昔日沦落为质子的人了，所以赵王令人将赵姬和子楚的儿子护送回国，在经过一年的分离后，子楚才和他的妻儿团聚。

商人成了相国

　　为秦国的发展作出杰出历史贡献的秦昭襄王走了，将一个在各个方面都实现了突飞猛进的国家留给了儿子安国君。安国君正式继位，是为秦孝文王。秦孝文王在秦王的位置上只坐了三天的时间便去世了。

　　秦孝文王去世之后，理所当然地由太子子楚继位。于是，子楚成了秦国的新一代秦王，是为秦庄襄王。

　　子楚继位，高兴的人太多了。子楚自己很高兴，他成了一国之主，还是战国七雄中最为强大的一国。华阳夫人也高兴，因为此时的她已经是掌管整个后宫的王太后了。赵姬也高兴，因为她因此而一跃成了王后。当然，有一个人最高兴，因为这个人付出了最大的努力，现在终于得到了回报。这是一种收获的成就，是子楚等人所难以体会到的，这个人就是吕不韦——此时的秦国丞相。

　　这些人都在为自己的处境变好而高兴，除此之外，子楚当秦王还直接关系到另一个人的利益，这个人便是秦庄襄王和赵姬的儿子，名叫嬴政。嬴政出生于秦昭襄王四十八年（公元前 259 年），子楚继位时嬴政仅十岁。

　　在一个充满权力斗争的环境里，小嬴政完全有可能从中沾染到一些本不应属于他这个年龄的东西，而且，嬴政的幼年生活有别于其他的王子。首先他是在赵国出生并成长的，后来他甚至必须接受父亲抛弃自己和母亲的事实，而在赵国度过一年的避难期。当然，如果说对于这个年纪尚小的孩子来说，什么才是令他最为困扰的，那无疑是关于自己身世的传闻。

　　嬴政的母亲赵姬当年是先嫁给了吕不韦，后才嫁给了子楚，而就在赵姬嫁给子楚后不久便怀孕了，因此关于这个儿子是谁的，历来都有争议。这种争议在嬴政时代可能表现为传闻，也就是说，在嬴政年幼的时候，他可能会在无意中听到了人们对他的非议——这个孩子不是子楚亲生的，是吕不韦的。

子楚估计没有那种心眼去纠结这个儿子是不是自己亲生的，他也没多少时间去纠结，因为子楚在秦王位置上只坐了三年便离开了人世。子楚死后，理所当然地由他的儿子嬴政来继任。

秦王政继位时才十三岁，于是，吕不韦理所当然地将国家的大权都包揽了过来。当时，吕不韦的地位已经更上一步了，从秦王政尊称他为"仲父"便足以说明这一点。不过，其实吕不韦也不必为自己的擅权寻找借口，因为很少有人会去对他提出反对的声音，一方面，自然是因为丞相的威严大于年幼的君王；另一方面，在吕不韦的管理下，秦国仍在继续往好的一面发展。

吕不韦发出招贤令，招徕各国名士，并给他们以优厚的待遇。结果，招贤令一出，吕不韦的门客很快便达到了三千多名。那么多食客，吕不韦当然不会让他们白吃白住。于是，吕不韦命他的食客们各自将自己的所见所闻记下，然后将这些见闻综合在一起成为八览、六论、十二纪，最终编成了一本多达二十多万言的书籍，这便是著名的杂家经典《吕氏春秋》。

《吕氏春秋》编成后，吕不韦非常得意，觉得自己完成了一件不世之功。为了向世人展示秦国对学术的重视以及在学术方面所取得的非凡成就，吕不韦便将整本《吕氏春秋》刊布在咸阳的城门，然后在旁边悬挂着一千两的黄金，之后遍请各国的游士宾客，若有人能增删一字，就给予一千金的奖励。

这便是"一字千金"的故事。这个故事揭示了吕不韦身为秦相时的得意之态，同时说明了吕不韦作为丞相，对于肩负的秦国发展重任还是非常负责的。当然，吕不韦的贡献不仅仅在文化学术这方面，在军事上，吕不韦消弭了秦国多年的恶战，以兴义兵的思想安抚了秦国因多年战争所造成的恶伤。在内政上，吕不韦成功地调整了统治集团内部关系，又施加恩惠于百姓，从而为秦国国内的安定创造了条件。

秦王政权力在手

因为赵姬的放荡，也因为吕不韦的贪求方便，嫪毐一介平民，竟然得以进入宫中与太后厮混。秦王政在政权还没到手的时候选择了隐忍，他发誓，只要时机已到，便会立刻端了这个贼窝。

秦王政九年（公元前 238 年），秦王政举行了冠礼。举行冠礼之后，就意味着秦王政已经是一个成年人了，既然是成年人，属于他的东西就该归还给他了。因此，在这一年，秦王政从吕不韦那里收回了治理国家的大权。其实，吕不韦之所以愿意让出权力，可能并不仅仅是因为秦王政举行了冠礼，最为关键的一点是，在这一年，秦国发生了一场大变。

这场大变是由嫪毐发动的。按照刘向的《说苑》里记载的一则故事，说有一天，嫪毐和一群大臣在喝酒。酒喝多了，本就骄傲的嫪毐变得更加狂妄，或许是有臣子看不起他，趁着酒醉讥讽了他几句，于是两人便争了起来。在相争的过程中，嫪毐对这个冒犯他的大臣狂吼："我是当今君上的假父（继父的民间用语），你们竟然敢跟我相争！"

这句话对秦王政是一种赤裸裸的冒犯，那些早就看嫪毐不顺眼的大臣便抓住这个时机，向秦王政揭发了嫪毐。他们向秦王政报告了嫪毐的狂言，更将嫪毐的真实身份向秦王政讲述得一清二楚。关于此事，秦王政并不是充耳不闻，在他的心里早已有了打算，而这次控告似乎成了一个直接的原因，使得秦王政终于下定决心去面对并解决它。

当然，之所以选择这个时候出手，也是因为当年正好是秦王政的冠礼大年。在权力的回收仪式上，秦王政希望自己能做出一件大事，来向他的"仲父"以及天下表明，他秦王政不是一个任人摆布的傀儡。

对于大臣对嫪毐的控告，秦王政下令彻查。这事传到了嫪毐府里，嫪毐自知大难临头，只好孤注一掷，先发制人。他伪造秦王和太后的印信，引领其上千名童仆门客和少数受骗的军队发动政变，攻击蕲年宫。

对于嫪毐的反叛，秦王政早有准备。他派出了昌平君和昌文君领咸阳士卒前往堵截嫪毐，平息叛乱。为了更加顺利地平息叛乱，秦王政还对全咸阳城下令：有生得毐，赐钱百万；杀之，五十万。这个奖励大大激起了咸阳士兵的斗志，他们力争往前，奋勇杀敌。嫪毐的叛乱本就得不到正道的支持，更兼他的那些童仆门客也没多少强悍之人。因此，在秦王政军队的猛烈攻势下，嫪毐一众被一网打尽。

嫪毐最后被处以车裂，并被夷三族。和嫪毐同党的官员个个被枭首，宾客舍人都得到了应有的处罚，而嫪毐和赵姬所生的两个儿子，也被残忍地杀害了。至此，嫪毐之乱被彻底平息，秦王政以一出精彩的政治平叛，作为他执政的第一个事迹，让人们确信了这个君王确实有足够魄力。当然，人们在这件事上看到了一种残忍的性格已经在这个君王身上显出了苗头。两个幼儿被无辜杀害，这是其一。其二，秦王政不顾念亲情，将他的母亲监禁在雍城的棫阳宫，后虽在大臣的劝说下将母亲迎回咸阳，但两人之间的裂痕明显让人看出这个儿子的无情。

秦王政借由平定嫪毐之乱的能力，从吕不韦那里顺利拿回了权力。此时的吕不韦得知嫪毐之乱后，深感慌张。他明白自己和秦王政之间的矛盾，而这个由自己看着长大的孩子在处理这件事上所表现的能力更让自己惊讶，吕不韦确实看到了自己那充满晦暗的未来。对于秦王政来说，除掉吕不韦确实是他的下一个任务。

秦王政十年（公元前237年）十月，秦王政顺利罢免了吕不韦的相位，并将他遣出了咸阳，让他回到河南的封地。因为吕不韦的名望，他在封地竟然每天都有宾客来访问。这令秦王政很不安，于是他又逼吕不韦迁往了相对荒凉的蜀地。吕不韦知道秦王政的意思，他知道秦王政总有一天会杀了自己。因此，在秦王政的一再逼迫下，吕不韦最后选择了自杀。

不是所有人都是坏人

在和吕不韦多年的暗斗之后，秦王政终于将大权拿回了自己手里。但是，在得到至亲和部分臣子的欺瞒和背叛后，秦王政的心里也因此而蒙上了一层猜忌的阴影。这种猜忌在获知韩国水利工程师郑国的真实目的后，便毫无遮掩地显露出来。

早在吕不韦任丞相期间，韩国为了消耗秦国的国力，曾经派出了对水利工程深有研究的郑国潜入秦国内部，提议秦王政修筑一座规模宏大的灌溉渠郑国渠。按照郑国对秦王政的说法，郑国渠将以最大的效用来提高关中地区的粮食产量，对秦国的农业发展将有很大的帮助。在古时，农为万业之本，农业发展了，必然带动其他事业的兴盛，因此，这个郑国渠的想法对吕不韦这种商人来说是十分有吸引力的。最后，在吕不韦的支持下，郑国便获令在秦国国内开始了他修筑郑国渠的行程。

郑国虽作为间谍来疲秦，但身为一个水利家，出于对水利工程的热爱，他也不失真诚地修筑着郑国渠。在这期间，他尽量地兴师动众，以此来耗用秦国的国力，但是，秦国国力却并未因此而减少多少。虽然这期间陆续有合纵联军进攻秦军，但总的来说，秦国在这时候的战争并未表现出任何处于下风的弱势。这使得郑国开始着急，眼看着郑国渠在秦国的土地上一步步地完善着，但疲秦的目的却没有什么进展，郑国渐渐觉得自己前往秦国的意义已经被彻底地失去了。

虽然郑国渐渐地感到了不对劲，但人已骑在虎上，要下也没那么容易。另外，郑国对于这个灌溉渠的修建也是充满着情感，因此郑国渠的修筑并没有因此而停下。但是，当秦王政亲政以后，郑国却遇上了危难时刻。

在秦王政亲政后，他很快便发现了郑国来秦国修筑郑国渠的真实目的。秦王政那被母亲和仲父伤害的痕迹还未痊愈，郑国的欺骗便再一次揭开了他的伤疤。这令秦王政恼羞成怒，他又一次尝到了被耍的滋味，不安的他决定给这群人一点颜色瞧瞧。

当时，由于秦国的强大，其他国家的能人纷纷来投靠秦国，企图在秦国大展其才。郑国事件发生后，秦国的大臣纷纷对这群外国宾客投去了有色的眼光，在他们心里，所有的外国宾客都是郑国这类人物，都是其他国家派来的奸细。因此，秦国的大臣纷纷在秦王政耳边进言，希望秦王能驱逐所有外国的人。

这当然是很有偏见的看法，从这份偏激中我们可以看到当时秦国当地官员对于外来人士的排挤现象。毕竟，外来人士中确实有很多能人，而他们都在秦国占有一席之地，这种对本国官员的挤兑现象是这群当地人所不愿见到的，因此他们会提出驱逐的想法，也是在情理之中。再说当时秦王政在遭受一次次的欺骗后，确实对人心有了一定的怀疑。就是这种伤痕，让秦王政最终采纳了众大臣的建议，发布了一道轰动一时的逐客令。

所谓逐客令，就是驱逐客卿的命令。所谓客卿，就是春秋战国时授予在本国当高级官员的外国人。逐客令的发布意味着那些在秦国辛苦经营了几年甚至几十年的外国人，在事业上好不容易有了起色，却必须遭受一棒子打死的冤枉，而且失去了他们在秦国继续发展的机会。因此，逐客令在外国宾客中引起一片哗然，所有的秦国客卿对此都感到愤愤不平。

而在这群客卿里，有一个人将这种不平化成了力量，因此写就了一篇铿锵有力、字字珠玑的劝谏文章，这个人就是李斯。

李斯是楚国上蔡（今河南上蔡西南）人。李斯从小就志气颇高，小时候便喜欢阅读经典，后来成了稍有文采的人，更兼写得一手好字，因此便被当地官员选中，当了一个掌管文书的小吏。能力出众的李斯在小吏这种职位上干得无聊异常，觉得小吏这种职位根本毫无飞黄腾达的机会。因此，在当时争名逐利的时代里，不甘寂寞的李斯也决定踏上他的求官之路。

辞去小吏之位的李斯来到了齐国，拜见了当时名声最大的儒学大师荀子，后便在荀子门下当起了学生。李斯在荀子这里学习了所谓的帝王之术，研究如何治理一个国家的实际问题。几年后，在勤勤恳恳的学习之后，李斯已经成了一个满腹经纶、才华横溢的学者。这时，李斯觉得自己已经完全有能力出去闯天下了，于是，李斯便拜辞了师父，踏上了他的求职之路。

在对当时的局势进行分析之后，李斯最后选择了秦国。在临行前，当荀子问李斯为何选择秦国时，李斯回答说他认为秦国已有统一六国的气势。从这点来看，李斯的政治观察力是敏锐的。而当师傅再问起李斯为何要出山时，李斯认为卑贱穷困是最悲哀的事，只有去争名逐利才是读书人的真正意义。这一席话揭露了李斯现实主义的法家性格，也决定了李斯后来的命运。

李斯辞别荀子后，便来到了秦国。当时，吕不韦正在广招门客，于是李斯求见吕不韦，希望能投其门下。吕不韦见李斯是个贤人，又知是大师荀子之徒，便十分乐意地收了他当门客，还将他推荐给了秦王政，当了个小官。李斯在秦国当官后，便因此有了面见秦王政的机会。有一次，李斯抓住了时机，给秦王政进言，说出了自己的政治构想。

李斯劝说秦王政要趁秦国强大之时灭六国诸侯，完成统一大业，更为秦王政提出了具体的离间之计。李斯的战略很得秦王政的青睐，也因此获得了秦王政的关注，后因这番提议被任命为客卿。

此时，李斯在秦国的地位已经相当于客卿，也算是秦国的大官了。可是，当李斯听到秦王政下逐客令时，和其他客卿一样，李斯也是在心里直喊冤枉。但他和其他客卿又不一样，愿意奋力争取的他不愿接受这个事实，决定用自己那出色的才华来劝一劝秦王政，挽回秦王政的心，让他明白并不是所有的外国人都是坏人。于是，李斯便一气呵成，写下了一篇流芳百世的名作《谏逐客书》。

《谏逐客书》引经据典，条理清晰，让阅读之人融入那充满理性的说理之中，瞬间觉得文中所言有理有据，实属真理。秦王政读了这封劝谏书后，看到了其中列举的秦国历史，读到了其中提到的每一个道理，便立即被李斯的文采所感染，瞬间有了收回命令的想法。此时，又逢郑国向秦王政表明了一个事实：修建郑国渠的本意虽然是为了消耗秦国国力，但郑国渠的修筑对秦国发展的帮助却远比这种消耗还多。这时，秦王政才真正觉得自己的逐客令实在是太过分了，于是便下令撤销了逐客令。

李斯的《谏逐客书》让秦王政回到了正常的用人之道，为了奖赏李斯让自己及时回头，秦王政从此更加重用李斯，李斯也因此而成了秦王政的左右手，为秦王政后来的施政提出了许多建议。而秦王政的及时回头也确保了郑国渠的继续修建，从而让这座伟大的水利工程得以顺利地在秦国竣工，为秦国的发展做出了难以估量的贡献。

小度量害死人

自李斯上《谏逐客书》之后，秦王政便对他越来越看重。为此，秦王政任命李斯为廷尉，属秦国九卿之一，是主管司法的最高官吏。

李斯对自己现在所拥有的一切极其爱惜，无时不在担心着自己的地位是否会有失去的一天。李斯对处境的看重让他成功地坐到了九卿的位子，在不久之后更让他当上了丞相。但这种过分偏激的看重注定其成为李斯的死穴，让李斯因此而犯下一个又一个的错误。就从当下的事来说，李斯便做出了一件令后人诟病的事，这件事便是妒杀韩非。

韩非是韩国人，韩王室的公子，年轻时跟随荀子学习，和李斯曾有同窗之谊。韩非和李斯一样，对刑法之学颇有兴趣，对帝王之术深有研究，但在性格方面和李斯却大相径庭。李斯的道德观基本是法家的，儒家的仁义之学对他丝毫没有吸引力，这也是他最后放弃了自己的国家而选择秦国的原因。韩非虽也是法家人士，仁义的道德观在他身上却占有一席之地，因此他并没有选择当时强大的秦国，而是希望能尽自己的力量帮助时已衰微的韩国。当然，两人之所以有这样的选择，和他们的身世有很大的关系。李斯在楚国是平民一个，毫无地位，但韩非却是韩国的公子，这种处境的差异也注定了两人不同的选择。

韩非和李斯一样，都是荀子的得意学生，但韩非本身有一个缺点，对他的发展起到了很大的阻碍作用，这个缺点便是口吃。韩非之所以得不到重用，最主要的原因还是因为韩王的平庸，这种平庸注定了韩王根本没有眼光去挖掘这个人才。毕竟，当时韩非给韩王提的建议很多都是以上书的形式，而韩非的文笔可是令李斯都自叹不如的。因此，韩王的平庸注定了韩非这个人才被埋没的命运。

韩非见自己的建议从未被韩王重视过，心里便起了牢骚，他认为这是"廉直不容于邪枉之臣"，便愤而退离朝政，当一个愤世嫉俗的文人，写起了他的文章。结果，在这段时间内，韩非将一股怒气注入了他的灵感里，竟写成了洋洋洒洒十万余言的文章，其中包括《孤愤》《五蠹》《内外储》《说林》《说难》等著作。

韩非的书籍渐渐在当时的名人之间传播开来，人们开始认识了这个法学界的新一代人物。因此，韩非的名声越来越响。虽然如此，韩王仍然对韩非不屑一顾，韩非在韩国的境遇并没有因为他的文章而有所改善。当时，有秦国人便将韩非的文章推荐给了秦王政。秦王政看了韩非的《孤愤》《五蠹》等书，便觉得这个人非但文采斐然，更是见识非凡。

秦王政对韩非的钦佩溢于言表，却苦于没机会和写下这些文章的人见上一面。这种思之切、求之难的心情被李斯发现了，为了实现秦王政的愿望，李斯便向秦王政讲述了韩非的身世。秦王政得知韩非是韩国公子以后，便下了急攻韩国的命令，因为他希望能借此而威胁韩王献出韩非。

这次进攻对韩王造成了很大的威胁，但当韩王知道秦王政不过是为了一个韩非时，便立即下令韩非以韩国使者的身份进入秦国，说服秦王停战。于是，在秦王的逼迫下，韩非终于从韩王那里获得了他的第一个重任。

秦王政成功迎来了韩非，正式见到了这个心中期盼已久的贤人。不知道当秦王政发现韩非口吃的时候，心里是否会有一点儿讶异，但是，有文章的好感在前，韩非的口吃并不会让秦王政对他的看法有任何改观。而在和韩非正面交谈之后，秦王政对这个韩国公子也有了更大的兴趣。在他心里，韩非绝对是一个能力出众的人。

虽然秦王政对韩非颇有好感，却并没有因此而信任并重用韩非。在秦王政的心里，韩非或许只是一个能人，而郑国的事情时刻地提醒着他：必须多注意这些外国人。因此关于是否重用韩非，秦王政更希望能和李斯这些大臣商量商量。这之后，历史的说法基本倾向于李斯因为嫉妒韩非，怕韩非抢了自己的位子而劝秦王政杀了韩非。其实，杀了韩非一事或许有李斯的小度量问题，但其中还有更大的原因。

当时秦王政已经在准备攻灭六国的事，而按照李斯的战略，弱小的韩国是排在六国里的第一个。但是韩非是韩国公子，他当然不会赞同李斯的战略，因此便和李斯的意见相左。这更让李斯觉得，韩非这人绝对是阻挡自己继续前进的敌人。因此，本就对韩非得到了秦王的赏识而有所嫉妒的李斯，这时候便将韩非视为政治上的最大敌人。

此外，《战国策》里还记载了另外一件事。在秦王政着手攻伐六国之后，很快，韩、魏两国便已经处在苟延残喘的地步，对此，其余四国便打算再次结成合纵联盟来对抗秦国。为破这次联盟，秦王政派出了姚贾去劝说分化四国。但是，利用这个机会，韩非对姚贾进行了毁谤，说其是"世监门子，梁之大盗，赵之逐臣"，使得秦王政曾一度不信任姚贾而将其召回，多次中断劝说的任务。因此，姚贾也和韩非结了怨。

这之后，姚贾便和李斯站在了同一战线，两人合起来打算除掉韩非。这两个人便向秦王政进言，说韩非是韩国公子，心系韩国，并无心向秦，与其留为后患，还不如将其定罪斩杀。秦王政虽然爱惜韩非是个人才，但在政治上毕竟不敢用他，留着非但用处不大，更有可能成为后患，便同意了他们的建议，令李斯定个罪名，将其关押起来。

后来，韩非在监牢里收到了李斯令人送给他的毒药，无处陈情的韩非最后只能在李斯的逼迫下服毒身亡。再后来，秦王政觉得韩非实在是不可多得的贤人，便后悔了当初的命令，令人立即前往监牢赦免韩非，可惜，韩非已经死了。

各个击破手段妙

为了增强秦国的信心，李斯对当时的六大诸侯国进行了一次分析。

韩国。整个韩国历史除在韩昭侯时代有过短暂的辉煌外，其实力基本都是排在最后。早在韩桓惠王时，韩国便已经臣服于秦国。到了秦王政初年，韩国的疆域更是大大缩减，只剩下都城阳翟与其周围十多个中小城邑。这种实力在强秦面前不堪一击，基本上已经沦为一个不入流的小国了。

赵国。赵国本为北方强国，在赵武灵王时实行改革，其国力到了足以北抗匈奴、南抵强秦的地步，成了秦国东进的最大阻碍。但在长平之战以及邯郸包围战之后，赵国便基本走上了衰退的道路。更兼赵王虽有良将，却不懂重用，因此频频被秦国有机可乘。

魏国。魏国曾在魏惠王时威慑整个战国，但这之后便屡次受西方的强秦打压，疆域不断缩小。后虽有信陵君窃符救赵，重拾魏国的威望，但魏安釐王终究昏庸，非但没有乘胜追击，还罢用信陵君，从此失去了东山再起的机会。

楚国。楚国在南方一直独大，但自秦将白起攻陷楚都之后，楚国的实力便开始直线而下。这之后面对强秦的压迫更是屡次迁都，从而大大地挫败了楚国将士的士气。因此，此时的楚国和齐国一样，空有一个区域性强国的称号，而早已失去和秦国单独作战的力量。

燕国。燕昭王将燕国带入了强国之列，但到了燕王喜当政时期，在外交上不与近邻赵、齐修好，又常常无故发动混战，因此形成劳民伤财、国力损耗巨大的局面，最后成了在六国之中只略强于韩国的弱小之国。

齐国。自燕将乐毅连拔齐国七十余城后，之后虽有田单用火牛阵力挽颓局，收复失地，但齐国从此衰败已成不可争议的事实。齐威王当年建立的霸业早已成为历史的尘埃，齐国的东方大国地位已经成了有名无实的称号。此时的齐国经济发展缓慢，政治落后，国君齐王建是个无能之主，更兼国内缺乏贤人能臣，除了坐以待毙，早已失去了复强的力气。

这是李斯对其余六大国的大致分析，这种分析确实增强了秦国灭亡六国的信心。从分析中看，六国已经没有任何一个国家足以单独和秦国对抗，秦国的统一之路轻而易举。虽然如此，秦王政对统一之路却没有太大的信心。因为如果一国一国地进行分析，那秦国独大的局面自然是事实，但是如果六国合纵对抗秦国，那秦国的统一之路必将阻碍重重。

秦王政的这种担忧并不是没有道理的，早在几年前，秦国便分别被信陵君和春申君统领的合纵联军逼到函谷关。这两次大败在秦国的统一之路上划下了两道巨大的伤痕，令秦国虽有雄心壮志，却也不得不胆战心惊地去走每一步。当然，这也并非仅是秦王政的担忧，李斯在提出统一的伟大构想后，他也必须面对六国合纵的难题。

但是，在之后的一次对抗合纵联军的战争中，李斯看到了一丝希望。

这便是发生在秦王政六年（公元前 241 年）赵将庞煖率领合纵联军进攻秦国的战争。当时，在这合纵军中，燕国和齐国没有参加，之后，四大国虽逼近咸阳，却因为各有私心而迟疑不前，而当吕不韦率军进攻楚营时，楚军更是不战自退。楚军一退，其余三大国便也各自散了回去。从这场战争中，李斯看到了合纵国之间的团结是脆弱的，而当时齐、燕没有加入合纵，部分原因也是因为他们的土地和秦国没有直接相邻，彼此之间的敌对关系较弱，因此不愿和其余四国"蹚浑水"。在这种分析之下，李斯觉得各个击破的可能性是存在的，因此，为顺利实现灭亡六国的大业，李斯继承了范雎当年提出的著名策略——远交近攻。

远交近攻在不同的时代背景下有了它新的历史含义。李斯提出的远交近攻战略用十二个字来总结就是笼络燕齐、稳住楚魏、消灭韩赵。先交好远方的燕、齐两国，稳住隔壁的魏、楚两国以防他们趁机捣乱，在此时及时消灭最弱且最近的韩、赵两国。韩、赵一灭，立即进军魏、楚，而后再一举东进，灭了燕、齐。这是一个先弱后强、先近后远的具体战略步骤，如果能顺利地做到这一点，那分化六国，而后一一击破的目标便能顺利达成，统一在即了。

秦王政十六年（公元前231年），尉缭的内部分化开始在韩国起作用了。就在这年，内史腾主动向秦国投降，并将所领南阳（今河南境内太行山南、黄河以北地区）全部献给了秦国。秦国轻而易举地接受了韩国的一块土地，令疆域本已狭窄的韩国更显窘迫。

对于韩王安，这样一个不知亡国恨的君主，不说他的臣下遗弃了他，就是历史遗弃了他也是一件理所当然的事。

南阳郡一失，本已束手无策的韩国除了静静地等待死亡的来临，再也不能进行任何程度的反抗了。而南阳郡的得手对秦国的意义也是重大的，这之后，秦国将这块土地作为前进的基地，使它以一个跳板的姿态为进攻韩国作出巨大的贡献。除此之外，南阳郡对于以后进攻南方的楚国也奠定了一个坚定的后方基础。在这方面，攻灭楚国的王翦还必须对南阳守内史腾表示感谢。

南阳郡到手，韩国奄奄一息，这个时候正是出手的好时机。秦王政十七年（公元前230年），秦国派出了大军直逼韩国都城新郑（今河南新郑）。

就在秦王政下令内史腾出征后不久，新郑被一批渡过黄河的大军所灭的消息很快便响彻整个云霄了。韩国从此便消失在历史的舞台上了。

早在灭亡韩国之前，秦、赵两国便陷入交战的局面，也就是说，在秦王政的动作之中，赵国是早于韩国的一个目标。但是，赵国比起韩国来毕竟还是强大的，因此秦国在赵国这里竟然摔了一跤。

秦王政十四年（公元前233年）的肥之战令秦王政的统一之路遇到了第一次波折。可秦王政并未感到沮丧。

秦王政十五年（公元前232年），在短暂的休整过后，秦王政再次出兵赵国。

为抵挡秦军的再一次进攻，李牧又被派往前线。面对秦军兵分两路的策略，李牧认为邯郸之南有漳水及赵长城为依托，秦军难以迅速突破，因此对于这一路可以暂缓对付，只以部将司马尚率部据守。而对于由太原取狼孟（今山西阳曲）后东进番吾上的另一路大军，李牧便亲率主力北进抗击。

在这场战役中，李牧临阵不惊，指挥若定。先是在番吾（今河北平山县东南）给予秦军以沉重的打击，接着一路追击，及至驱逐秦军将其逼出赵境，然后立即挥师南进，和司马尚两军会合，锐不可当。漳河沿岸的秦军早已听说另一路大军已经败退，此时闻讯李牧大军前来，在两军碰头之后便不战而走。

这场大战又一次以李牧的全面胜利而告终。当消息传到秦国的时候，秦王政大吃一惊，没想到赵国那支颓败之师到了李牧手中竟然有了天降神兵的非凡能力。

在对外面临秦军的持续进逼外，赵国还要面临内部的灾荒问题。当时，赵国国内发生了旱灾，由此形成了大面积的庄稼枯死、颗粒无收的局面。在内外问题的多重夹击下，赵国国内形势动荡，人心惶惶。

秦王政十八年（公元前229年），秦王政令王翦统率秦国主力直下井陉（今河北井陉），然后令杨端和率河内兵卒，共领兵几十万进围赵都邯郸。

赵国已经奄奄一息，毫无反抗之力，但不甘于此的赵王迁还是派出了李牧前往抵挡秦军。

秦王政十九年（公元前228年），秦用离间计，赵王夺了李牧的兵权，李牧被迫自尽。在成功除掉了李牧之后，王翦便立即趁着赵国上下离心的时候进攻赵军。军事实力远逊于王翦的赵葱，领着一支士气低落的军队抵挡着秦军。毫无恋战之心的士兵如何能打赢来势汹汹的虎狼之师？很快，赵军便全军溃败了，赵葱战死于沙场。

赵国灭亡后，赵公子嘉逃出了邯郸，带领着宗族数百人逃到代（今河北蔚县西北），在此自立为王，被称为代王嘉。此时的赵国已经名存实亡，当年的都城邯郸从此成了秦国的郡县。

秦王政二十一年（公元前226年），王翦受命出兵燕国，很快便取下了燕都蓟城（今北京城西南），逼得燕王弃国后撤。为防止南方楚国后扑，秦王政便收回主力，将主攻方向转到南方。秦将王贲迅速攻下了楚国十余城，成功打击了楚国，令楚国不敢轻举妄动，由此保证了出兵灭亡魏国的顺利。

在北方赶走燕王、南方控制住楚国之后，秦王政便立即下令南下进攻楚国的军队回军北上，准备送孤独的魏国最后一程。

秦王政二十二年（公元前225年），王贲在秦王政的指示下，从楚地撤军，转而直逼魏国，魏国的覆亡已经进入倒计时。

当时，魏王假吃上了前人种下的恶果——魏国已经丧失了大部分土地，只剩都城大梁（今河南开封）和附近一小撮城邑，如几艘帆船孤独地颠簸在毫无边际的大海之中。总而言之，大梁城这座曾经满载辉煌的城池，现如今成了一座迎风而泣的孤岛。

大梁四周那稀稀疏疏的城邑完全阻止不了王贲的威风。很快地，在王贲如风的速度之下，大梁的四周已经响起了秦军围城的叫嚣声。

大梁城门开了，一脸不甘又沮丧的魏王假走了出来，向王贲献出了这座见证着魏国兴衰的城池。秦王政二十二年（公元前 225 年），在大梁城陷落的那一刻，战国的地图上从此划去了魏国这个名称。

秦王政二十一年（公元前 226 年），秦将王贲奉命率军出击楚国，揭开了灭亡楚国的序幕。如果说当时的秦军南下其主要目的是控制住楚国，从而得以更顺利地灭掉魏国，那么当秦军再次南下时，则是正式为楚国敲响丧钟的时候了。

秦王政二十二年，虽然在前一年楚王负刍向秦国提出了献出青阳（今湖南长沙）以西以求和的协议，但在灭掉魏国之后，秦王政不希望错过一举拿下楚国的机会，因此他并没有给楚王负刍任何协商的机会。

秦王政二十二年，李信对灭亡楚国信誓旦旦地夸下海口，却不知楚国国内有一个大将项燕在等着自己，因此大败而归。此次对楚国的挫败令秦王政感到惭愧和愤怒，他发誓要让楚王负刍和项燕尝尝覆亡的感觉，让这个国家知道这次的胜利不过是他们一时的侥幸。

在做好保障工作后，秦王政二十三年，王翦和副将蒙武便领着秦国六十万大军大举攻楚，将灭楚行动推上了高潮。

这个以熊为氏的南方大国，在经历了一段辉煌之后，也不可避免地步入它的毁灭。自此，楚国便成了楚郡，不久之后被分为九江郡、长河郡和会稽郡。

楚王负刍死后，其弟昌平君便在淮南（今安徽淮南）被拥立为楚王，企图以长江为屏障，在吴越之地延续着楚国的国祚。

刺秦其实是出闹剧

秦王政十九年（公元前 228 年），赵王迁投降的消息传到了燕国，燕国上下听了这个消息后，没有人能再继续淡定下去。当秦军在攻灭赵国兵临易水时，燕王喜脸色如土，像极了那黄河旁的泥沙，随时会被冲走的样子。

如同其他国家的最后一位君王，燕王喜的能力十分令人担忧。当秦王政的军队将它的威吓扑上整个燕国的时候，燕王喜除后悔之前和赵国的对战之外，已经别无他法了。可是，虽无贤君，燕国还是有能臣的，这个能臣的名字叫鞠武。

鞠武是秦王政时代坚持合纵抗秦的一个代表。面对秦国的威胁，鞠武认为燕国弱小，应该联合代（赵公子嘉的流亡政权）、魏、楚、齐，再北上借匈奴之兵，以此抗秦。

姬丹，是燕国太子，故称燕太子丹。对于鞠武的想法，燕太子丹并没有表示反对。但是，对于急躁的燕太子丹来说，先不说鞠武的策略能不能实现，就是在时间的浪费上都是一个问题。合纵虽好，但焦躁莽撞的燕太子丹选择了一个更加迅速的方法——刺杀。

刺杀的高效与否在很大程度上取决于刺客的质量，燕太子丹不可能不明白这一点。因此，在选择刺客方面，燕太子丹丝毫不敢马虎。最先，燕太子丹找来了燕国著名的勇士田光。田光学识渊博、文武双全，平时喜行侠仗义、广交朋友，故深得燕国臣民之心，时人皆称其为"节侠"。可惜，当燕太子丹请田光出马时，田光却以年老为由婉拒了燕太子丹。这位急迫的太子不愿意此事就这样耽搁下来，因此他再三向田光请求，如若无法亲自出手，那就给他引荐个勇士。

在燕太子丹的多次请求下，田光便给燕太子丹推荐了一个人——荆轲。

为了让刺杀行动更加顺利，荆轲希望燕太子丹能将督亢的地图和樊於期的头颅交给自己，让自己在秦王政面前可以争取到更多的信任。督亢向来是燕国最富饶的地方，可以说是燕国的心脏，督亢一失，燕国的危险不言而喻。而樊於期是之前在秦国任职的将领，因当年大败于赵国名将李牧而逃亡燕国，秦国由此放出了缉捕樊於期的悬赏令。

　　对于督亢的地图，燕太子丹自己可以做主；但对于樊於期，燕太子丹则有所迟疑了。毕竟当初收容了他，此时又要置他于死地，于情于理都不好开口。荆轲见燕太子丹心有迟疑，便自己来见樊於期，对樊於期说了自己的想法。樊於期自刎，成全了荆轲。

　　在拿到督亢的地图和樊於期的头颅后，荆轲又请人锻造了一把匕首，这把匕首锋利且刀尖带有剧毒，只需一刺便可置人于死地。燕太子丹又为荆轲找来了一个副手，他的名字叫秦舞阳。

　　一切就绪后，荆轲便准备启程了。在易水边上，荆轲以毅然决然的赴死心态唱下了一首令人胆寒而钦佩的送别歌："风萧萧兮易水寒，壮士一去兮不复还。"而他的朋友高渐离更为他的歌配起了雄壮却动人心弦的曲调。

　　孤帆扬过易水，来到了秦国国土。咸阳的宫殿里，神圣而威严，两列臣子仪态端庄，睥睨着眼前这两个来自燕国的使者。秦王政端坐在王椅上，俯视着一切。

　　在秦王政那强大的气场前，秦舞阳因为知道自己的任务而恐慌。对于眼前这位燕国使者的慌乱之色，咸阳宫上的臣子们无不感到奇怪。这时，荆轲急中生智，对秦王政说："北蕃蛮夷之鄙人，未尝见天子，故振慑。"（《史记·刺客列传》）

　　这话让秦王政脸上的迟疑顿时转为得意，燕国使者虽鄙陋，倒也不失为善言之人。荆轲以他的机智打破了秦王政的心防，终于让自己得到了一个往前献上地图的机会。荆轲捧着地图来到秦王政面前，将地图在桌案上徐徐展开，让秦王政料想不到的是，在地图舒展到最后的时候，忽然一道刺眼的亮光在眼前晃了一下。

一把匕首!

秦王政还没有反应过来,荆轲已抓起匕首向秦王政刺去。整个王宫瞬间震动了起来,大臣们个个不知所措,他们看着秦王政在慌乱中躲开了那凌厉的刀锋,衣袖被匕首斩断,随着匕首发出的寒风飘荡在宫殿之上。看着荆轲快速地逼近自己,秦王政拔剑,但剑鞘太长,一时拔不出,只好在殿上绕着柱子跑。

当时在两旁的臣子因不能带武器上殿,慌乱中只得用手去扰乱荆轲,保护秦王。在一阵惊惶之中,秦王的御医夏无且将他手里的药箱扔向了荆轲,令荆轲分了心,秦王又听到喊声:"王负剑!王负剑!"(《史记·刺客列传》)。秦王政立即拔出背后的佩剑往荆轲的大腿刺去。荆轲的腿受到一击,跪倒在地,难以行走。情急之下,荆轲将手里的匕首向秦王政扔去,秦王政一闪,匕首插在了柱子上。没了武器的荆轲如断了翅的老鹰,在秦王政的愤怒之下,荆轲承受了八次剑击,奄奄一息。

刺秦王一事成全了荆轲报国侠士的名声,但也为燕国埋下了覆灭的炸弹。

躲到辽东也要打

在以极大的愤怒杀死了荆轲之后,秦王政余怒未息。很快,秦将王翦和辛胜领兵讨伐燕国。秦军杀气腾腾,浩浩荡荡地往易水进发,先锋李信领着大军来到了易水之西。

在易水之西,李信的军队遇上了燕国派出抵挡的军队,两军便在这条冰寒的河流旁对峙着。就在几个月前,诀别的眼泪淌进水里,和着寒冷的狂风唱出一曲悲壮而凄凉的侠士之歌。现如今,这条河流两旁列满了士兵,其满腔热情消抵着易水的冰寒，一触即发的火焰正燃烧在这条诀别之河上。

秦王政二十一年（公元前226年），在李信于易水打败燕军后，秦王政随即为这支北伐军队增加了兵力。王翦大军得到了补给，如虎添翼，攻势更猛。弱小的燕国无力抵挡，很快便被王翦大军追逼到都城蓟城（今北京西南）了。

蓟城没有大梁的坚固，因此，没费太多的力气，王翦便为秦王送去了攻破蓟城的捷报。蓟城破了，燕太子丹为他的行刺计划付出了巨大的代价，燕王喜就是有意指责也没有多大的意义了。没有办法，燕王喜只好和燕太子丹带着燕公室和大批臣子们往北去，逃到了辽东（今辽宁辽阳）之地。

秦王政令王翦领兵继续北上，于是，李信领着他的先锋部队直奔辽东而去。

李信领军逼迫甚急，令燕王喜惶恐不已。燕王喜已经想不到用什么好方法来挡住李信的部队了，而当初那个捅了大娄子的燕太子丹也在衍水（今辽阳太子河）瑟瑟发抖。衍水的寒意由外及内，令燕王喜和燕太子丹感到一种锥心的凄凉，难道燕国的历史就此结束了吗？

在燕王喜无处可逃的时候，他的朋友赵公子嘉来见他了。赵公子嘉在赵国灭亡之后，便躲到了代城以代王的名号企图东山再起，在秦国进攻燕国的过程中，作为燕的联军而与之共同奋战着。代王嘉派人偷偷地给燕王喜传递了信息，即秦王政之所以会进攻燕国，完全是因为当初燕太子丹的刺杀行动，如果能将燕太子丹斩首以献秦国，那么必然会消了秦王政的怒火，从而让秦军退兵。

燕王喜很显然是个毫无主见的君主，当初燕太子丹决定刺杀秦王政时，他也没表示任何异议，这时代王嘉又让他杀了燕太子丹来弥补上次的错误，他则傻傻地认同了这种说法。结果，燕太子丹为他当初的莽撞付出了生命的代价——他被燕王喜派人杀死，并将头颅献给了秦王政。燕太子丹的行刺固然因冲动而缺乏时宜性，因而直接导致了秦国的入侵，但较之愚蠢的燕王喜，燕太子丹那执意挽救国家的冲劲还是令他的国人敬佩的。因此，为了纪念这位爱国的太子，他死于旁的这条河水，人们便将其改名为太子河。

燕王喜固然是愚蠢的，秦王政的统一之路并不会因为一个荆轲而中断，那么秦王政对燕国的攻伐自然也就不会因为一个燕太子丹而停止。事实证明了这一点，当燕太子丹的头颅送到了秦王政的面前时，李信的军队并没有因此就停止进攻。

虽然，秦国对于燕国的进攻确实有所缓和，但它绝不是因为燕太子丹的头颅。对于秦国来说，躲到了辽东的燕国已经毫无抵抗之力，与其对其逼迫甚急，倒不如先南下解决了楚国，以防其从后方实施突然袭击。最后，在这次回转中，秦国直接攻破魏国大梁这座孤城，并趁势南下灭亡了楚国。

楚国和魏国为可怜的燕国争取了一点残喘的时间，但燕国早就成了秦国的囊中之物，其覆灭已经是不可避免的结局。秦王政二十五年（公元前222年），在秦国大军灭掉南方强楚后，王贲便奉命北上伐燕，将燕王喜和代王嘉这些残余势力清除殆尽。

太子丹死后，燕王喜真正成了孤家寡人。

再多的后悔都是没有意义的，此时的王贲，这个令大梁这座光荣之城陷落的将领，已经渡过易水，临近太子河。不久之后，燕王喜便含着无奈的泪水，望着曾经属于他的土地被秦王政划入自己的疆域之中。渔阳郡、右北平郡、辽西郡及辽东郡等郡县的设立，从此取代了燕国这个名称。

燕国灭亡后，王贲转攻代郡，俘虏了代王嘉，彻底清除了赵国的残余势力。

最后一仗没有放过你

因为齐国地处秦国的远方，故在秦国灭亡六国的过程中，它被排到了最后；也因为秦国在攻伐其他国家的时候采取了笼络齐国的战略，所以齐国在最后这段动乱的时代里竟然过上了一种相对安定的生活。当时的齐王建对这种安稳的日子倒挺乐意，因此，在秦国的军队如虎一般地侵蚀着其余五国的土地时，齐国竟然愿意接受秦国的笼络，采取了观望的态度。

为了尽快完成统一大业，秦王政二十六年（公元前 221 年），秦王政派出刚在燕地取得巨大功绩的王贲挥戈南下，直取齐都临淄（今山东临淄）。

在安详中沉寂了几十年的齐国，面临王贲大军的压境，已经失去了任何抵挡的力量。这个曾经霸据一方的雄狮，此时却如襁褓中刚醒的婴孩，完全不知道该如何去应对突然性的袭击。齐王建的随遇而安，以及齐相后胜对于秦国的偏向，都决定了秦国在收下这个国家时丝毫不用费一兵一卒。王贲大军直下临淄，还未摆好攻城的阵势，齐王建就亲自打开了城门，将这座可媲美咸阳的东方古都拱手送给了秦王政。

是齐王建的软弱和贪图享乐的性格葬送了齐国，也因为这种性格，齐王建最后接受了对于他应得的判决——饿死于流放之地。

终于统一了

秦王政二十六年（公元前 221 年），秦王政终于实现了他的一统梦想。十几年的奋斗，终于迎来它变成现实的一天，秦王政和李斯等一班大臣对此别说有多激动了。

秦王政在将整个大地拥入他的怀抱之后，便觉得必须有一个合适的头衔来搭配自己，以区分自己和春秋战国的诸侯君主们，正如他所言："今名号不更，无以称成功，传后世。"

当时接到秦王政寻找称号的命令时，所有的大臣都绞尽脑汁，为求一个能彰显秦王政那伟大功绩的字眼。为此，丞相王绾、御史大夫冯劫以及李斯等大臣便聚在一起商议。他们认为秦王政"兴义兵，诛残贼，平定天下"，其功绩不仅是胜过以往任何一个秦国君主，而且是"自上古以来未尝有，五帝所不及"。为此，他们援引了古代三皇的尊称，所谓"古有天皇，有地皇，有人皇，人皇最贵"，人皇即泰皇，因此他们便建议秦王政以"泰皇"作为称号。

但是，秦王政对此并不是很满意，既然"泰皇"古时就有人用过，那他再用这个称呼有什么意义呢？因此，秦王政弃用了"泰皇"的建议，但是他保留了一个"皇"字，然后自己在后面加了一个"帝"字，这样"皇帝"一词便产生了。秦王政作为中国历史上的第一个皇帝，他毫不谦虚地将自己称为"始皇帝"，他的后代要称"二世""三世"以至"千万世"。自此，秦王政的称呼到此结束，人们都称他"秦始皇"。

除此之外，秦始皇还取消了谥号，他认为臣子对君主的议论是不符合礼数的，他不愿意在自己死后让一群臣子来对自己的生平指指点点。同时，秦始皇还霸占了"朕"这个字。"朕"的意思是"我"，以前的一般人均可使用，这时秦始皇决定将其收为己用，"朕"从此提高了它的地位，成了古代中国皇帝的自称。至于"制"和"诏"专指皇帝命令，"玺"专指皇帝的大印等，这些都用一种独占的个性化定制区分了皇帝和一般人，一起为秦始皇的"君权神授"提供着力量。

在中央机构的设立上，秦始皇吸取了战国时期设置官职的具体经验，建立了一套相当完整的中央集权制度和政权机构。中央有丞相、太尉、御史大夫三大官，这之后是分管具体政务的诸卿。在政事的处理上，由三大官和诸卿议论，最后由皇帝做决断。除此之外，如典属国也是一个很有意义的职位，专门负责少数民族的事务。

这一整套政权机构的建立加强了秦朝中央的统治力量，在效仿前有的结构上进行创新，在施政上比之前更行之有效，因此成了后来历代王朝所仿效的对象，如汉朝的三公九卿制，基本上就是照搬秦制的做法。

这是在中央机构上的改革，至于在地方政权上，秦始皇也必须花费一点儿心思。自古以来，分封制便盛兴大地。所谓"分封"，是指由共主或中央王朝给王室成员、贵族和功臣分封领地，是宗法制在政治范畴上的表现。分封制确立了中央王朝的权威，曾经为国家政权的严密性提供了很大的帮助。但分封制有一个致命的缺点，即各分封诸侯在其国内享有很大的独立权。因此，当各诸侯国逐渐强盛之后，那种为中央服务的义务便有所变质，由此成为政治动荡的根源。

因为分封制存在的缺陷，李斯便上书秦始皇，希望秦始皇能改分封制为郡县制。所谓郡县制，即以郡统县的两级地方行政制度。郡县制并非李斯的首创，早在土地私有制的发展时期，郡县制便已应运而生了。郡县制取消了地方官员的世袭，由君主直接任命，这种性质注定了郡县长官难以在地方上培植自己的势力，也便于中央对地方的考察与监视，从而对于中央集权起到了很大的作用。这也是李斯提出郡县制的原因。

当时，以丞相王绾为代表的一部分大臣采取了不同于李斯的看法，他们提议秦始皇要继续采用分封制。王绾的提议明显是不符合历史走向的，在一个加固中央权力的关键时期，郡县制所能起到的作用远比分封制大，何况分封制对于中央集权还有一定的负面影响。最后，在两相权衡之下，明理的秦始皇选择了郡县制，毕竟，地方官员若叫郡守，总比叫某某王更令秦始皇感到满意和放心。此外，县下有乡，乡下有里，这些基层机构都由地方官员直接管理。

郡县制因其对于中央集权的有效作用，因此成了历代王朝在地方管理制度上所仿效的先例。

在文化以及日常生活习惯上，李斯也为统一做了大量的工作。书同文、度同制、行同伦、车同轨等都是很重要的改革。书同文，即统一文字。当时七国并立，地方文化各有差异，文字也因此而不同，这在管理上无疑会形成一个巨大的障碍。为此，李斯这位大书法家，以战国时候秦人通用的大篆作为基础，然后吸取了齐鲁等地通行的蝌蚪文笔画简省的优点，独创出一种形体匀圆齐整、笔画简略的新文字，称为"秦篆"，又称"小篆"。而后，在李斯的提议下，秦始皇下令将小篆作为官方规范文字，并废除其他异体字。而度同制、行同伦和车同轨的意义和书同文大致相当，度同制是统一度量衡，行同伦是建立起统一的伦理道德和行为规范，车同轨是统一车宽。

这些在文化和生活习惯上的统一为中央管理清除了大量障碍，使得中央的管理更加行之有效，同时在统一文化的基础上凝聚了民心，为中央集权的巩固做出了很大的贡献。此外，关于货币政策的改革也在经济范畴上为中央管理提供了有效的帮助。

秦始皇统一后的所有措施，因其所具有的实效性，在以后的每个朝代里基本都有它们的身影。而秦制也因此开创了中国古代政体的整体样貌，这之后，每个朝代只是在这上面进行了一些修改，从而在皇权的巩固上更进一步，而它的基本模版均出自秦朝。

焚书坑儒

秦始皇三十四年（公元前213年），咸阳宫内，宴会正如火如荼地进行着。觥筹交错，高谈阔论，群臣们共同庆贺秦朝北筑长城、南戍五岭，实现了全国的安定与统一。

参加宴会的群臣对秦始皇极尽歌功颂德之能，其中一位臣子——仆射周青臣，最会拍马屁。他称赞秦始皇："以前秦国的土地不过千里，全赖皇上圣明，平定天下，驱走蛮夷。秦始皇就如天上的太阳和月亮，光芒日夜普耀大地。只要是太阳和月亮光芒所照耀的地方，就没有人不被这光芒所折服。现在天下太平，百姓安居，没有战争的困扰，能够万世长存，这都是秦始皇的功劳。秦始皇可以称得上是古今帝王中最威严、最圣德的一位。"

　　有一位叫淳于越的人，他看不惯周青臣这样阿谀奉承，加之，他对秦始皇往日的一些作为也颇有意见，便说道："自殷周两朝基业之所以能长达一千多年，是因为分封了自己的子弟和功臣做辅助。秦朝才开始起步，还有很长的一段路要走，而秦始皇统一天下后，并没有分封自己的子弟。秦朝应该效仿殷周分封自己的子弟和功臣做辅助的成功例子。如果一味地自夸、自满，把天下之地归自己所有，而忘掉了先祖流传的宝贵经验，这样即便有田常和六卿这样的大臣，但是没有人辅助，又怎么能够长久呢？"淳于越还批评周青臣说，这样的人，只会阿谀奉承，又怎么能是个忠臣呢？

　　听了这样一番话，秦始皇的脸立刻就沉了下来，隐忍着没有爆发，且作出一副认真听取意见的样子，让人把淳于越的意见传下去，交由臣子讨论。

　　丞相李斯站了出来。李斯最知秦始皇，当即对淳于越的言论做出了驳斥："历史是发展的，时代变了，适合夏、商、周三代的治国策略已经不适用了。现在，皇上开创大业，建立了万代不朽的功业，本不是愚蠢的儒生所能理解的。淳于越说的三朝旧事，又有什么可值得效法的？"另外，李斯也对儒生做出了批判，认为他们在朝廷上口是心非，在街头巷尾谈论时政，觉得自己能够批评皇帝是很了不起的人，把标新立异看成是学问高深，这样使得民心混乱，纷纷效仿，又生出更多的诽谤之言。李斯认为，一定要对这些儒生采取些措施加以制止。

秦始皇对李斯的发言连连点头，这话说到他心坎上了。李斯见秦始皇认同自己，接着提出了历史上著名的"焚书"方案：历史典籍，除了记载秦朝的一律烧掉；民间收藏的诗书百家著作，一律交到各郡的治所，由郡守统一烧掉；如果胆敢互相谈论诗书，就要杀头；以古非今的要灭族；令下之后，三十天内不烧书的要判罪；有想学习法令的，以官吏为教师，医书、药书、卜卦的书、种树的书可以不烧。

秦始皇当即批准了李斯的这个建议，并且付诸实施。一时间，全国各地烈焰腾空而起，诸多先秦典籍和当时的著作就这样被大火吞没了，瞬间化为灰烬，徒留后人一声叹息。

秦始皇同意"焚书"并不是一时的冲动。长久以来，通过与儒生的接触，他不太喜欢儒生，很看不惯他们的一些做法，尤其是一有什么不满就口耳相传，甚至著书以传扬。他们提出的一些意见，也大都很难实行。

秦始皇二十八年（公元前219年），秦始皇东巡至泰山脚下时，想要刻石歌颂秦朝功德、封禅祭祀山川，于是他召集了齐鲁一带的七十个儒生出主意，而儒生出的主意大都是类似"拿蒲草包裹车轮，以免伤害山上的草木"这样很难做到的事情。秦始皇没有采用他们的意见，并下令不许他们参加封禅活动，儒生因此对秦始皇非常不满。

恰恰这次泰山封禅的时候，上山途中遇到了暴风雨。那些儒生正好有了话头，以此来嘲笑讽刺秦始皇。自然，秦始皇对儒生不满更多了一层。

秦始皇实行"焚书"，也是给儒生一个教训。"焚书"事件，秦始皇对儒生是尚有隐忍的，当这种怨气到了一定程度，爆发出来，就有了史上震惊的"坑儒"事件。

秦始皇三十五年（公元前212年），当时有两个方士：卢生和侯生。这两人自称可炼制长生不老之仙药。秦始皇一生追求长生，听到仙药，就给了两人许多钱财，用于炼制仙药。

这两人拿到钱后就开始装模作样地研制起来，但滥竽充数终究不能长久，骗局总有被拆穿的一天。当时秦法中有这样的规定："不得兼方，不验，辄死。"（《史记·秦始皇本纪》）意思是，不容纳方士术士，不灵验就会被处死。这两个人认为秦始皇这个人刚愎自用，非常专制，很多忠良大臣都被处死了，他们也不会有什么好下场的，于是，两人就逃走了。

之前，有徐福等人为秦始皇到海外寻找长生不老仙药，白白花费了很多钱财，却没有任何收获。秦始皇对此非常恼怒。当他再听人来报卢生和侯生逃走一事后，勃然大怒。秦始皇历数徐福等求仙药而不得，又有卢生和侯生两人，待他们不薄，给了那么多钱财，竟然还在背地里诽谤自己。他下命令捉拿卢生和侯生两人，并且派御史严查诽谤朝廷、惑乱民心的儒生方士。

很快，凡是议论朝政的人都被抓了来，严刑审问。有的儒生经不住拷打，就胡乱供出别人，以免受皮肉之苦。就这样，第一个人供出第二个人，第二个人又供出第三个人……串联下来，最后确定违犯禁令的儒生竟达四百六十余人。而对于这四百六十多名儒生，处置的结果就是活埋。

还有一种关于"坑儒"的委婉说法。东汉卫宏在《诏定古文尚书序》中记载，秦始皇让人冬天在骊山邢谷的温泉边上挖坑种瓜，瓜在温室的条件下生长，在冬天竟然也结出了果实。秦始皇召集全国七百多名儒生实地考察，找出为什么冬天能结出瓜的道理。趁着儒生们书生气十足争议时，让早已埋伏好的士兵射箭，无数儒生倒在箭下，被厚厚的黄土永远地埋在了山谷中。

赵高的计谋

　　扶苏是秦始皇的长子，其母亲郑妃来自郑国，因其在秦宫中时常吟唱郑地的情歌《山有扶苏》，故秦始皇便将儿子取名为扶苏。这也正是秦始皇所希望给予扶苏的环境，因为"扶苏"的本意便是茁壮成长的小树。

　　可是，对其充满期望的儿子却一直在忤逆自己的意思。扶苏在政治上一直都和秦始皇持有不同的意见，他认为天下未定，极力劝父亲不要以严刑重法来治理国家，更曾坚决反对父亲的焚书坑儒。总之，在秦始皇的眼里，这个儿子的性格和自己相去甚远。如果说秦始皇是一个坚毅无情的法家，那么扶苏则更多地传承了儒家的仁爱。

　　偏执的秦始皇认为扶苏虽然聪明，却缺乏刚毅的性格，因此他下旨让扶苏协助大将军蒙恬修筑万里长城，抵御北方的匈奴，希望可以借此培养出一个刚毅果敢的扶苏。

　　很快地，扶苏便向父亲证明了自己的性格是悲天悯人，而不是他所想的软弱。在驻扎北方的多年战争生涯里，扶苏立下了赫赫战功，英勇善战的他将自己的出色观察力和智慧才能发挥得淋漓尽致，令驻守边疆的老将们不由得赞叹一代新秀的崛起。而与秦始皇不同，扶苏爱民如子、谦逊待人，为此，他获得了广大百姓的爱戴和尊崇。

　　扶苏的这一切成就秦始皇都看得见，但在秦始皇偏执不服输的心里，他仍旧难以认同这个性格敏感的儿子。因为如果认同了他，就等于承认自己是错误的，这在当时一味想宣传自己功绩的秦始皇心里是难以想象的。但是，在秦始皇的内心深处，还是不得不承认这个儿子是出色的，是有才能的，是值得自己骄傲的。对于扶苏，秦始皇一直持有这种矛盾的心理。

　　秦始皇三十七年（公元前210年），秦始皇死在了他的第五次东巡路上。

在秦始皇死后，秦朝已经进入了赵高的时代。

赵高自小便聪明，又刻苦学习，写得一手好字，因此被秦始皇提拔为中车府令，掌皇帝车舆。除此之外，秦始皇还让赵高教自己的小儿子胡亥学习。赵高在伺候秦始皇和胡亥的时候善于察言观色，小心翼翼地服侍着这两位主子，因此被秦始皇称赞为"敏于事"，而秦始皇也因此对他越来越亲密。有一次，赵高犯下重罪，正准备接受法律的制裁，秦始皇竟然为此出面，赦免了他并复其原职，由此便不难看出秦始皇对于赵高的偏爱。

可是这种偏爱发展到最后竟然成了滋生赵高阴谋的罪魁祸首。凭着秦始皇的偏爱，赵高越来越放肆，胆子和野心都渐渐地大了起来。此时的赵高已经不满足于当一个内侍了，他想要掌控整个朝廷。于是，赵高一直都在等待着时机。而秦始皇的去世，就是赵高夺权的最好时机。

秦始皇在临终前唤来赵高，要他按照自己的意思写下遗诏。赵高看到遗诏里的内容，便明白了继承人的位置将要由扶苏来坐。这个消息对于赵高夺取权力是不利的，因为如果是扶苏继承皇位，那么朝廷的大权必然归到扶苏的老师蒙恬手上，而赵高向来和蒙氏不合，因此赵高对此有点担心。

对此，老奸巨猾的赵高很快便想到了一个巨大的阴谋。他想要私自扣下遗诏，等秦始皇死后再自己改写遗诏，令秦始皇的小儿子胡亥继位为皇帝。要知道，赵高是胡亥的师傅，如果胡亥继位，赵高的权力自然也会随之增大。除此之外，赵高之所以选择胡亥，还因为胡亥是个纯粹的纨绔子弟。

在赵高扣下秦始皇遗诏后不久，秦始皇便归西了。秦始皇死亡的消息只有几个宠臣知道。当时李斯得知时，立即凭着自己多年的从政经验，决定按下消息不发，因为他怕此时身在宫外，若秦始皇死亡的消息若昭示天下，那么很可能引发诸子争权，甚至天下大乱。因此，李斯假装秦始皇还活着，每天都照常令人为其送水送饭。李斯努力防备着诸子争权，却不知道赵高此时已经开始实行他的阴谋了。

赵高此人虽有阴谋，但他毕竟地位不高，难以凭借自己的话令众人信服，为此，他决定找来李斯参与自己的阴谋。可是李斯愿意吗？赵高对此很有把握，因为他早已抓住了李斯的弱点。赵高知道李斯时刻都在担忧着自己的未来，生怕一不小心这种丞相的权力便化为泡影。因此，赵高决定从这方面下手，逼李斯就范。

于是，赵高来找李斯，向他直截了当地说出了自己的阴谋。李斯一开始大惊，直斥赵高大逆不道。但是，当赵高一说出扶苏继位后的利害关系时，李斯便无言以对了。原来，李斯也在顾忌着，扶苏继位后，丞相之职是否会落到蒙恬的手里呢？李斯为此心乱如麻，他想起了当年韩非的下场，心里不寒而栗。最后，在保住自己地位的私欲下，李斯向赵高妥协了。

赵高和李斯密谋，先假托秦始皇之命，立胡亥为太子，另外炮制了一份诏书送往上郡，以"不忠不孝"的罪名赐扶苏和蒙恬自裁。

这封假诏书来到了上郡，扶苏见此，立即失声大哭。没想到自己奋战多年，一心想让父亲认同自己，结果父亲却还是质疑。扶苏转身返回营中，准备按照父亲的意思，拔剑自杀。

这时，蒙恬立即赶来劝谏。蒙恬认为这封诏书可能有假，希望扶苏能冷静一点儿，待调查清楚后再行定夺。但是，一向仁孝的扶苏已经听不进蒙恬的话了，他认为君要臣死，臣就不得不死，父要子亡，子也不得不亡。于是，不顾蒙恬如何阻挡，扶苏都坚定了死亡的心。最后，在万念俱灰之下，扶苏毅然决然地挥剑自杀了。

扶苏死了，赵高最大的障碍已经除掉了。于是，赵高和李斯便立即下令车队加速赶回咸阳，准备扶立胡亥继位。在赶回咸阳途中，秦始皇的尸体已经发出了恶臭味。为了掩人耳目，赵高和李斯便命人买来大批鲍鱼，令载送鲍鱼的车和秦始皇的车并列同行，希望以此来掩盖秦始皇的尸臭味。

在队伍回到咸阳之后，李斯立即向天下昭告了秦始皇的死讯。在举行隆重的葬礼之后，胡亥在赵高和李斯的帮助下继位为皇帝，是为秦二世。李斯继续着他的丞相之职，而赵高则一举升至郎中令，因其和胡亥的关系而成了胡亥最亲信的决策者。

这之后，因为胡亥不喜亲政，秦国的朝政便全部掌控在赵高的手中了。但是，赵高此时在大臣之中并没有任何威望，他掌控朝廷的方法也只能通过向胡亥嚼嚼耳根。如果有一天胡亥忽然懂事了，那么自己又该如何去控制呢？因此，赵高希望能做到真正地在台面上掌控朝廷，为此，他必须先除掉一些重量级的政敌。

大泽乡起义

秦二世元年（公元前 209 年）秋，当陈胜和吴广带领着一群农民走到大泽乡时，因多日连雨，大泽乡通往渔阳的道路已经不能走了。如果等到水退去以后再行走，那么这次的行动必然耽误，这队伍里的九百人都将受到惩罚。当陈胜和吴广考虑到这点的时候，很快地，他们立刻将思路移到了另外一个地方——这是一个实现抱负的机会。

陈胜和吴广都明白，如果无法及时到达渔阳，那么队伍必然受到惩罚，而按照秦律所规定的，这种惩罚不是小打小闹，而是要斩头的！如果将这些话告知给队伍里的九百人，他们必然恐慌。求生的意识将会激发这些人的潜力，使得他们每个人都会坚定一个信念：与其一死，不如与暴秦鱼死网破。

陈胜和吴广受到了占卜的提醒，决定利用当时群众的迷信心理，来为自己树立一个天降大任的救世主形象。为此，他们立即将这个想法付诸实施。

首先，他们两人用朱砂在一块手帕上写了"陈胜王"三个字，然后将这块手帕提前塞到了渔夫捕到的大鱼肚子里面。很快，这条大鱼便辗转到了一些民兵手里。当他们剖开鱼腹的时候，忽然从里面抽出了这张"丹书"，上面的"陈胜王"三个大字令他们感到震惊。他们不敢喧哗，只能私底下在众人之间偷偷地传递着。

当这群民兵们为这件事而感到讶异的时候，几天之后，在他们营地附近的一座寺庙旁忽然闪动起亮光。这亮光有红火的质地，在阴暗里一闪一闪的，可怕的是，它们飘浮在空中！当民兵看到这些亮光的时候，他们的第一反应就是鬼火。鬼火将这群健壮的汉子吓出了汗。不久，寺庙的旁边忽然响起了一阵诡异的声音。民兵们仔细一听，听出了这是一只狐狸的声音，声音里隐隐约约夹杂着人的语言："大楚兴，陈胜王。"

这天晚上发生的事比起鱼腹里出丹书更令民兵们感到惊异，其实这事也是陈胜和吴广的计谋，而那只狐狸正是吴广装的。当然，民兵们并不知道这事，他们只知道，这两件异常的事都发出了一样的指引——陈胜王（"王"在这里是四声，即称王之意）。

因此，当这两件事在民兵们心里得到它们的第一次融合时，陈胜在他们心里的形象似乎已经全然成了救世主了。加之陈胜担任屯长的时候，他和吴广两人对众人的态度谦和，对待下属热情和气。现在，有了这两个"神"的指引，陈胜自然而然地成了众人心中的王了。

到了这时候，陈胜和吴广的计谋已经生效了。这次成功拉拢众人之举表明了陈胜和吴广虽然没有好的出身，却也不乏出奇制胜的谋略。计谋既然生效，接下去就是夺取实权了。那时有两个军官担任着押送这批队伍的任务，想要将九百人掌控在手里，只有先搞定这两个军官。

为此，吴广趁着两个军官喝醉酒的时候，故意扬言逃跑，以激怒他们。果然，两个押送官见吴广有叛逃之举，立刻将其拿下，对吴广实行鞭打的重罚。此时，陈胜和吴广在民兵们的心中已经有了很高的地位，因此众人看到吴广被打，都深感愤怒，便集体反抗。两个军官没办法管住九百个人，在慌乱无措中被吴广和陈胜杀死了。这之后，在陈胜那一番激动人心的讲话下，尤其是那句震撼人心的"王侯将相，宁有种乎"使得众人热血沸腾。由此，陈胜和吴广有了他们的第一支军队。

对于暴秦的不满会聚了众人的力量，以陈胜为将军，吴广为都尉，这支九百人的军队袒露出他们的右臂，诈以公子扶苏、楚将项燕之名，正式在大泽乡宣布了他们的起义！很快地，这支军队凭着过人的气势和满腔怒火一举拿下了大泽乡，接着迅速攻下了蕲县县城（今安徽宿州南）。这次起义和随后的胜利激励了附近的百姓们，点燃了他们心中对于暴秦的怒火。于是，他们纷纷斩木为兵，揭竿为旗，积极响应陈胜的起义。自此，中国历史上第一次大规模的农民起义爆发了。

这时候，陈胜的大楚之名在秦国的国土上响彻云霄。这之后，很多人受到了陈胜的激励，紧随他的步伐，开始了他们推翻暴秦、争夺天下的征程。

项梁挑起革命重担

让陈胜喊醒的一个重要人物便是项梁。这个项梁不是一般人，是曾经的楚国大将项燕的二儿子。项梁作为项燕的后人，集国仇家仇于一身。

当年秦军大破项燕时，项燕兵败自杀，项梁则在楚国灭亡后，因杀人而流落到了会稽郡治所吴县（今江苏苏州）。流落之人，故国之后，当然难以在秦国担任官职。没有实权就难以行事，项梁是很明白这点的，因此为顺利举事，自己就必须夺取一支军队的统治权。

项梁虽然没有实权，在吴中之地却很有威望。当时吴中的贤人名士对于项梁都是很尊重的，每有丧事，一般都是由项梁出面主办。因为这份威望，项梁和当时的会稽郡太守殷通成了朋友。人脉打开了成功的道路，项梁想要掌握实权，就必须在殷通身上做手脚——杀了殷通，夺取地方政权。

殷通对自己是信任的，而会稽郡管辖范围之广，也是一个很好的选择。就这样，项梁选定了目标，只差实际方案了。

项梁没有军队，以兵力夺取政权是无法实现的。他只能靠计谋。项梁能想到的计谋就是利用殷通对自己的信任，出其不意地杀了他。当然，这类刺杀的行动还是需要一个武力过人的勇士的加入，幸运的是，在项梁那里，不缺勇士。

这个勇士就是项梁的亲侄儿、项燕的孙子，名叫项籍，字羽。项羽父亲早逝，年少时便跟随叔父项梁流亡到吴县。项梁是名将之后，因此他对于项羽的培养是很重视的。在项羽年轻时，项梁曾经教过他读书，但是对书本提不起兴趣的项羽一看书便打起了瞌睡。项梁无可奈何，只好转而教他武艺。只是项羽学了一段时间后，又对武艺失去了兴趣，不想继续学下去了。项羽的行为令项梁感到愤怒，恨铁不成钢的项梁大斥项羽这个不可教的孺子：毫无勤奋的品质，以后如何担当大事？面对叔父的责怪，项羽却没有感到羞愧。相反，项羽理直气壮地回应了项梁："书足以记名姓而已。剑，一人敌，不足学；学万人敌。"（《史记·项羽本纪》）

年少狂妄的项羽却以他的歪理成功堵住了项梁的嘴。项梁知道和年轻人讲不了道理，因为他们总会有自己的一份理念来反对他人。因此，听了项羽这样说，项梁心想：好，你要学万人敌，我就教你万人敌。想要万人敌，就要学兵法，于是项梁便让项羽学习兵法。一开始，项羽确实对兵法显出了很大的兴趣，并且认真地学了一段时间。不久，项羽便对兵法失去了感觉，将它弃在了一边。

面对项羽的年少轻狂，项梁也无可奈何了。虽然这个侄子身上有一份过人的气质，不过项梁还是希望他能稍微收敛点，否则只怕会成为未来失败的缘由。有一次，秦始皇出巡，项羽看到宏大的车马阵势，两排军装闪闪的护送士兵，一辆辆气势雄伟的马车。见到这个阵势，年少的项羽羡慕不已，他对他的叔父项梁说："彼可取而代也。"

你可以取代他！这句狂言一出，差点儿吓坏了在项羽旁边的项梁。项梁立即捂住项羽的嘴巴，警告他别乱说，这可是关系到灭族的事。项羽此举虽然让项梁再次认识了这个少年的狂妄，也因此让项梁为这份狂妄而更加担忧。但是，侄儿的大气与高远的志向同时令项梁感到欣慰，项家毕竟出了一个有魄力的后代啊！

这就是项梁的侄儿项羽，也是项梁心中的勇士，狂妄却有初生之犊的勇气。有勇士在手，事情也就成功了一半，这时，事态紧迫，项梁要付出坚决的行动了。

秦二世元年（公元前 209 年）九月，就在陈胜起义两个月后，项梁来到了殷通的府中。在这里，殷通和项梁讨论起了陈胜起义的大事。当时起义军的势力很大，有很多地方已经陆续追随陈胜而起，殷通明白局势，因此也打算起兵反秦，并有意让项梁和另一个叫桓楚的人担任军队统领。桓楚当时正出逃在外，于是项梁说："桓楚亡，人莫知其处，独籍知之耳。"于是殷通令项梁唤来项羽，希望项羽能受命去寻回桓楚。

项梁心中一喜，心想殷通已经进了自己的圈套，只要项羽这头猛虎一进入府中，你殷通逃都逃不了。因此，项梁立即唤来项羽。项羽面见殷通和项梁，假装听从项梁的命令。不一会儿，项梁便使了一个眼色，暗示项羽时机已经到了。于是，剑出鞘，一阵风过，项羽便以迅雷不及掩耳之势斩杀了殷通。

殷通的头被项梁提在手里，项梁的另一只手中拿着会稽郡太守的官印。项羽在项梁之后，一见有反抗的部下便出剑斩杀。项羽武力高强，吴县府中没有可与之匹敌的对手。很快，项羽的剑下便死了一百多个士兵。叔侄二人完全控制了县府。

项梁杀了殷通夺取政权后，还必须争取地方豪强的支持。于是，项梁召集来了吴县地区的豪强官吏，向他们讲了起事反秦的道理，并将殷通讲成一个不明局势、反复无常的人，也是因为这个道理，自己才会杀了他。这些豪强官吏本就对身为项燕后代的项梁有几分敬重，现如今见他旁边又站着一个猛虎一般的英雄，在敬重之外更有了几分畏惧。更何况秦国统治者确实暴虐无道，若能顺利推翻，还世间一个清正的环境，自然也是大功一件。因此，对于项梁，没有任何人对其进行质疑，所以，项梁理所当然地接过了吴中（今上海、江苏南部及浙江嘉兴东北部）地区的统治权，有部属多名，领精兵八千。项梁自己当了会稽郡郡守，项羽成了项梁的副将，巡行属下各县。

项梁成了会稽郡郡守，便立即宣告抗秦开始。整个吴中地区也从此进入了警备对敌的状态，与此同时，项羽开始了他的霸王之路。

项梁在吴中地区响应了蕲县的陈胜，起义的声浪由此往东南扩大了出去，延伸到了沿海一带。很快，起义愈演愈烈，并以号召带动的强大力量持续地扩大着。

李斯之死

农民起义战争已经在民间打响了，可是在赵高看来，这不过是地方性的反叛，不足以畏惧。在他心里，有远比对付这群乌合之众更加重要的事——除掉李斯。李斯在世上一日，赵高就忌他一日，只是苦于找不到理由来除掉他。这时候，农民起义给了赵高一个不错的主意。

起义军的节节胜利和胡亥的所作所为之间的不搭调在李斯看来是很荒谬的。这场起义对秦朝的危害性正在一步步地扩大，可是身为统治者的胡亥却全然无视，这令李斯感到难堪和羞愧。他毕竟是跟随秦始皇打天下、安天下的人，哪能亲眼看着它被拱手送到别人怀里？可是李斯很急，胡亥却对他不屑一顾。每次李斯求见胡亥，都被拒之门外。心急如焚的李斯变得脾气暴躁，他苦苦寻求着见君上的机会，却求之无门。李斯的慌乱显露无遗。这一切都让赵高看到了，赵高心里的魔鬼再次不安地骚动起来，这下，总算让他找到陷害李斯的方法了。

赵高把李斯请来，和他大谈农民起义的事。当谈到秦二世面对乱政却仍在梦中的时候，赵高便对李斯说："君何不谏？"李斯听到这里，先是愤怒，又转为无奈，只好轻轻地摇着头，对赵高说："固也，吾欲言之久矣。今时上不坐朝廷，上居深宫，吾有所言者，不可传也，欲见无间。"一句话说出了李斯的窘境，却说到了赵高的兴奋点。赵高心里偷偷乐着，他想：你那么想见皇上，我就让你见。心里暗喜的赵高表面却装出了失望的神色，然后对李斯表示理解地说："君诚能谏，请为君侯上间语君。"意思是，他赵高非常愿意作为一个报信人，什么时候皇帝有空了，他会来通知李斯的。李斯一听这话，心中感到几分欣慰，似乎前景不必过于悲观。

李斯和赵高聊完天后，回到家便苦苦等待着赵高的通知。几天过后，赵高便派人前来通知李斯：皇上有空了。李斯等这话等了好久！他李斯终于能一见圣上，向他讲述自己憋了多月的担忧。不说圣上听不听得进去，能多争取一回劝谏的机会就要多去争取。李斯急忙整理着装，赶到皇宫求见皇上。

可是当李斯赶去求见的时候，却正值胡亥玩得高兴的时候。当有人来报：丞相求见，被打断的胡亥怒火中烧，恨不得杀了李斯。但李斯毕竟是一国老臣，自己也不便对其胡乱发威，只好派人打发他走。李斯感到莫名其妙，却没有想到这可能是赵高的计谋，只是一贯认为秦二世娱乐的时间太长了，或者即便是在秦二世空闲的时候，他都不愿意接见自己。李斯虽急得如热锅上的蚂蚁，却也无可奈何，只好叹口气，哀怨地离开皇宫。

过了不久，又有人奉赵高之命前来向李斯报告："皇上有空了！"李斯一听，如第一次一样急忙前往求见秦二世。可是，如第一次一样，李斯又被打发走了。就这样来来回回几次，李斯倒也不嫌麻烦，凡是揪到时机必不放过。可是李斯不烦，胡亥却烦了。胡亥被李斯陆陆续续打断了好几次娱乐时间，到了最后一次，胡亥彻底发怒了。他再也没有心情继续玩下去了，他对着赵高大骂李斯："我有空的时候他不来，我娱乐的时候他就来，这不是存心和我作对吗？"赵高见计谋已经成功了一半，立即装出很惊恐的神情，凑到胡亥耳边，慌张地对胡亥说起了当年沙丘之变，李斯也有参与却没有得到太大的奖赏，莫非是因为这事让他一直耿耿于怀，这时候想来找皇上讨个封王了？

胡亥一听赵高这么说，脸色发红，转而铁青，又怒又慌的胡亥此时已经将李斯彻底扔进了自己的黑名单。旁边的赵高趁机更进一步，他说了李斯有可能叛变的一个原因。赵高说，李斯长子叫李由，此刻正担任三川郡守，而陈胜和李斯是故人，因此当陈胜带领一班贼军路过三川之地时，李由竟然不进行剿寇行动，任由陈胜胡作非为，非但如此，有传言说李由还和陈胜有书信往来，不知是真是假。

这当然是赵高的杜撰，其实是：李由面对陈胜的起义，奋力反抗，还给李斯写来书信，说贼势之大，希望中央援助。但胡亥哪知道这些？他只知道赵高口里说的话，这些话让胡亥对李斯更加猜忌。最后，在赵高的唆使下，胡亥派人前去调查李由通敌一事。

这个消息一传出，李斯才觉悟自己中了赵高的计策。慌乱之中他只能立即给秦二世上疏，称自己忠心耿耿，倒是赵高是小人，需要多加注意。胡亥一看这份奏疏，嗤笑一声，毫不在意。

几天后，起义声浪越来越大，李斯邀同将军冯劫和右丞相冯去疾联名上书进谏，希望秦二世暂停阿房宫的修建，减少边区戍守和转输，以缓解民愤。此举无异于导火索，直接令早已不满李斯的胡亥随便找了个借口将三人一举拿下，关入牢中。

冯去疾和冯劫两人对此非常痛心，他们为了不受羞辱，不久便在狱中含恨自杀。但李斯不甘心，自己跟随秦始皇多年，没有功劳也有苦劳，胡亥凭什么随意就定自己的罪？因此李斯虽在牢中，却想尽各种办法给秦二世上疏，但是每一份申诉都被赵高所拦截，胡亥听不到李斯的任何声音。与此同时，赵高对李斯用尽各种严刑来逼李斯承认他的通敌之罪。一开始，李斯不愿意承认，但最后实在忍受不了痛苦，便向前来提审的人承认了。李斯心想，反正只要不向皇上承认，不管自己向谁点头，都构不成自己的罪。

可是，当李斯点头点到麻木了的时候，这时秦二世派人来提审他了。李斯不知道这是皇上派来的，便一如往常地点头了。李斯算是向皇上正式承认了自己的谋反罪，罪名从此成立，只待接受制裁了。

秦二世二年（公元前208年）七月，夹在愤怒与悔恨以及各种情绪中的李斯被送上了刑场。面对着大秦江山，李斯叹了口气，他已经无力拯救秦国了。在一声"吾必见寇至咸阳，麋鹿游于朝也"的哀叹声后，李斯被腰斩了。

李斯死了，赵高得以更加肆无忌惮地擅权了。

指鹿为马

在一天早朝上，赵高上奏秦二世，称自己要送给秦二世一样朝贺礼。秦二世一听，喜从中来，急忙询问赵高是何礼物，有什么新奇之处。赵高一一道来，说这是一匹马，却不是一般的马，是一匹长得很不一样的马。这些话说得秦二世心痒痒的，他按捺不住心里的好奇，命赵高赶快将礼物献上。

赵高随即令人将礼物带上朝堂，众人纷纷报以新奇的目光盯着大门，等待着这匹奇马的出现。待贺礼出现在大门口时，众人惊声道：这明明是一头鹿，怎么说是马了？顿时，讨论声在朝堂上回旋着。

面对众人的质疑，赵高无视，令人将贺礼抬到皇上面前，对秦二世鞠了一躬，很淡定地说：“马也。”胡亥一看到眼前的鹿，愣了一下，心想这明明是鹿啊，丞相可真爱开玩笑。于是胡亥笑着对赵高说：“丞相误也，以鹿为马。”赵高听了这话，先是假装摆出不能理解的神色，然后转向朝堂上的大臣们，一脸正经地问他们，这只动物是马还是鹿。

大臣们小声地讨论着，有的人心中正感到愤愤不平，赵高竟然敢这样欺诈到君主身上。当赵高那尖厉的质问声在朝堂上响起的时候，立即将这一群细碎的议论声压了下去，大臣们个个都安静了下来，不知道该如何回答赵高。赵高面对着台阶下的众臣子，看着他们在自己面前一句话也不敢说，仿佛底下的这一群人已经完全拜倒在自己之下，此时的自己已经成了一国之主，所有的人都必须服从自己。站在皇帝旁边的赵高仿佛已经顺利取代皇帝了，心中免不了兴奋，此时的他几乎要飘起来了。

可就在赵高幻想着他的帝王之路时，忽然底下有反对的声音出现了。赵高在幻想中明明听到有人说：“这就是鹿！”如此掷地有声的回应将赵高拉了回来，令赵高感到不寒而栗。紧接着，又有几句一样的回应陆续进入赵高的耳朵中，像一支支放出的箭连续射在自己身上，赵高尝到了被人攻击的味道。

臣子中有人察觉到赵高的神色在变，于是，“这是马”的声音也出现在了朝堂之上。就这样，“这是马”和“这是鹿”这两种声音在朝堂上互相扔过来扔过去。不过台下的这种场面胡亥倒是第一次看到，感到新鲜的他大笑不止。

皇帝在笑，赵高可笑不出来。眼前的情景说明了大臣中对自己还是有很多反对的声音的，看来，想要成功篡夺皇位，必须先把这些人给铲除掉。于是，赵高令人偷偷记下了这些反对自己的人，待这场闹剧结束之后，找理由将这些人一一除掉。

“指鹿为马”收场了。它虽然表明赵高还不能完全掌控整个朝廷，但经过这事，所有敢对赵高说出自己反对之声的正直之臣都被赵高给害死了。从此以后，再也没有人敢和赵高叫板了。而经过这事，胡亥竟然在赵高的欺瞒下以为是自己得了病，才会将马看成鹿。于是，在赵高的安排下，胡亥便到上林苑里进行休养。有一天，胡亥在上林苑里射猎，不小心射死了一个人。赵高再次借题发挥，对胡亥说他此举会引起祖先和鬼神的不满，希望皇上能移驾别宫躲藏，胡亥便真移走了。

在这个时候，起义的声浪已经越来越大了。陈胜的屡屡获胜让赵高已经再也不能去无视了，起义已经危及秦国的根基，再下去只怕要掀翻整个帝国了。

早在之前，地方官员的上疏一大摞，无一不是军情报急。只是那时候，政权由赵高控制，胡亥又忙着醉生梦死，因此所有的上疏都被赵高给扣了下来，结果给了陈胜的起义军节节胜利的机会。只有李斯收到儿子李由的来信，中央政府的这群官员们才得到一个关注起义事件的窗口。可是李斯却始终找不到机会向皇上禀告，最终又落个被赵高陷害的下场。因此，在秦朝的末期出现了这样有趣的景象：地方上的官员正和起义军奋力搏斗并处于下风，可是中央的统治者却还在忙着过他们的安逸生活。

到了这时候，赵高才真正懂了对付起义的重要性。因此，这时候他不再将上疏扣下了，因为起义军的来犯比他想象得还要可怕——陈胜的大军已经逼近咸阳了！

陈胜的起义行动进展迅速，此时已经将目标定到了秦都咸阳。当秦二世听到这个消息的时候，如晴天霹雳，他大惊失色，吓得半死，原来赵高一直跟自己说的天下太平是一个彻彻底底的谎言！此时的胡亥再也没有心思去风花雪月了，他只能尽快地召集众臣进行商议。

章邯破陈胜

就在秦二世感到迷惘害怕的时候，忽然有一个人站了出来。这个人叫章邯，字少荣，时任九卿之一的少府。秦二世这种不理国事的人对这个低调的章邯怕是一点儿也不熟悉，但紧要关头，胡亥哪还能在意这么多？于是他令章邯尽快说出他的看法。

这个章邯说出了一个计策：赦免骊山的刑徒。章邯认为，起义军已经逼近咸阳，临时调集兵力已经来不及了，还不如赦免骊山的刑徒，命他们举起兵器，反击来贼，保卫国家，将功赎罪。要知道，当时在骊山修陵的刑徒多达几十万，如果能将这些人赦免充当军役，那无疑能成为一支庞大的军队。

慌乱的秦二世一听，已经没办法考虑太多了。于是，秦二世立即大赦天下，然后将这事全权交给了章邯去办，命章邯带领这几十万的刑徒击退贼军。就这样，章邯被任命为主将，领兵迎击来犯的起义军。

章邯领着骊山刑徒及奴隶七十万之众，浩浩荡荡地前赴战场戏地（今陕西临潼境内），在这里开始了他镇压起义的战争道路。当时前往戏地的张楚大将名叫周章，至于周章是怎么能逼近到这里的，这当然有部分原因是秦国政府对起义军的忽视，另外也有部分原因是基于陈胜的奋进精神。

陈胜在攻下蕲县后又一举拿下了铚（今安徽濉溪）、酂（今河南永城西）、苦（今河南鹿邑）、柘（今河南柘城北）、谯（今安徽亳州）等五县，不到一个月的时间就控制了安徽、河南交界的大片地区。这之后，陈胜又顺利拿下了战略要地陈县（今河南淮阳），并在此确立了专属于他的政权——张楚政权。

建立"张楚"政权后，陈胜便确立了主力西征，偏师略地，最后推翻秦朝统治的总体战略。为此，他将主力军托付给"假王"吴广，命他西击荥阳（今河南荥阳），取道函谷关（今河南灵宝境内），而后直捣秦都咸阳，这是主力西征。此外，令将军宋留领兵出击南阳（今河南南阳），进入武关，而后迂回攻取关中。又命武臣、邓宗、周市、召平等为将军，分别北渡黄河，进攻原赵国地区（今山西北部、河北西南部），南取九江郡，深入淮南地区；进攻广陵（今江苏扬州北）、魏国旧地（今河南东北部接连山西西南部），攻取长江下游、黄河以南大梁（今河南开封）等地区。

就这样，在陈胜的安排下，兵分多路开始了进军。虽然频频有胜利的消息传来，但在主力方面的吴广却始终没有好消息。最为关键的战线却难以突破，这令陈胜感到异常烦闷。荥阳是通向关中的重要通道，自古便是兵家必争之地。在荥阳附近，还有秦国囤积了大量粮食的敖仓（今河南荥阳东北敖山）。如果攻下荥阳，敖仓唾手可得。敖仓一得，不仅解决了起义军的军需问题，同时秦军的粮食供应必被切断，秦军将不战而败。

但是，就是这么关键的战线却无法突破，非但如此，吴广在攻取荥阳的对战中还处于下风，这令陈胜十分着急。为了确保战略意图的实现，陈胜只得另外派出大将周文率兵西进，趁着吴广主力军与荥阳军队拉锯的时候，绕过荥阳，直取函谷关。就这样，周文接过命令，带领着起义大军往西前进，一路上斩关夺隘，势如破竹。面对这来势汹汹的周文大军，路途中的百姓纷纷志愿加入起义军的队伍，队伍迅速扩大，竟达到了数十万人之多。很快，这支庞大的军队便打到了离咸阳仅百余里的戏地。

秦二世二年（公元前208年）的冬天，当周文领着大军刚到戏地正待休整时，忽然听见战鼓响起，一支秦军正向自己的军队攻杀过来。这是起义军自反抗战争打响以来所遇到的规模最大的一次进攻，此次进攻出其不意，令周文措手不及。结果，十几万的起义军败在了章邯带领的秦军之下，周文只得领着起义军退出关中地区，据守曹阳亭（今河南灵宝东北）。

谁知周文在曹阳亭刚停下不久，章邯就带领着大军追击而上。在章邯的猛攻下，周文守不住曹阳亭，只得弃城而逃，退至渑池（今河南三门峡）。不久，退至渑池的周文又遇到了章邯的进攻。周文在几经挫折、无粮无援的情况下，在率部奋力与敌激战十几日后，终因寡不敌众而兵败于章邯。周文救助无望，最后只好拔剑自刎。

章邯一出兵便气焰嚣张，连败敌军。此举大大挫败了起义军的气势，令身在皇宫的胡亥总算可以松口气。在打败了周文大军后，章邯毫不停息，立即率军继续东征。与此同时，在荥阳的吴广部队却发生了内斗。原来吴广部下的将领田臧因吴广不愿出兵援助周文而感到愤怒，他认为吴广不谙军事，不值得与之同谋。就因为这样，田臧便假借陈胜之名杀害了吴广。吴广一死，田臧便接替了吴广的地位，领着军队准备西进援助周文。然而周文已死，田臧的西进让自己陷入腹背受敌的困境。最后，在田臧兵退至敖仓时，因挡不住章邯的进攻，这支部队也全军覆没了。

至此，张楚政权的两大主力都战败了，战局已经彻底逆转，陈胜的败期似乎近在咫尺了。这时候，陈胜在个人思想上出现了一些转变。自他称王后，便渐渐地与平民百姓疏远了。当时，有个老乡听说陈胜发迹了，便从家乡赶来找他。待到陈胜有一日外出时，老乡直呼陈胜小名，才得以接近陈胜。可是这个老乡自以为和陈胜交情甚好，毫不避讳地对人讲述着陈胜小时候的事。一开始陈胜得知也不在意，后来有人认为这位老乡的举动是在轻视陈胜的王威，陈胜一听，才发现确实是这么一回事，便立即将这位老乡给斩杀了。这件事只是作为一个见证，表明了陈胜的思想确实在逐渐远离民众，导致了最后的"诸陈王故人皆自引去，由是无亲陈王者"（《史记·陈涉世家》）。

陈胜真正地当上了孤家寡人，与此同时，在陈胜之下的诸位将领之间也开始互相猜忌，于是，起义军内部的分裂越来越大。吴广和田臧便是其中一例。在这种情况下，起义军已经难以合心，而秦国又适时横空而出一个章邯。

章邯在解除了起义军对荥阳的包围后，立即倾尽全力进攻陈县。此时为秦二世二年（公元前208年）十二月，陈胜面对章邯大军，亲率军队全力抵抗。然而即便陈胜付出再大的力量，终究难以抵挡章邯大军。最后，陈胜兵败，被迫退至下城父（今安徽蒙城西北）。在下城父，陈胜并没有死心，他企图再集结兵力，做最后的拼搏。但是，起义军内部已经分裂，陈胜最终死在了自己人的手中。这个刺杀陈胜的人是他的车夫庄贾。

很快地，这支军队就发现了自己的能力不足以与大秦对抗，它更好的命运就是寻找一个更强有力的势力来依附。到了以后，刘邦将会接手对这支军队的统治权。

大战在即

秦二世三年（公元前207年）九月，章邯派出大军围攻了赵国巨鹿。从巨鹿传出的求救声传遍了整个大地，各地新复国的诸侯们纷纷响应赵国的求救，派出兵队驻扎到了巨鹿之旁。起义联军的首次聚集似乎大有摧毁章邯军队的气势，可是，很快地，这种团结便被证明了它那表里不一的实质。

赵国的求援游说活动是由赵相张耳来执行的。张耳并非泛泛之辈，他游说各诸侯救援赵国，并向各诸侯强调天下大势在此一举。在张耳的鼓动下，诸侯们都坐不住了，原本是起义来推翻秦国的，这时候秦国的大军都到了这里，一次难得的团结起义大军的机会，为何不把握呢？因此，很多诸侯都响应了赵国的号召。先有赵国大将陈余率领数万士兵前来，后南方来楚，北方来燕。魏国刚被章邯大败，无力奔波，而齐国的田荣也刚遭遇大败，更因个人恩怨而不愿前来，但是，齐将田都背着田荣偷偷地参加了这次救援活动。于是，几路大军聚集到了巨鹿之地。两军的对决看似箭在弦上，一触即发。

但是，张耳千盼万盼而来的这些救援军，到了巨鹿后却成了江湖耍杂技的卖艺人，个个只是搞搞噱头，拿不出真功夫，各路人马都静静地待在自己的营内，观望着正在巨鹿城上上演的戏码。谁都不愿先出头，毕竟枪打出头鸟，自己的实力能保存则保存。这点一直是联军的弊端所在，自顾自，无法团结，谈何胜利？

援军的表现让张耳焦急万分，其他国家的人不出兵也就算了，而陈余身为赵国大将，难道还没有为国请命的气魄吗？因此，张耳派人前往陈余营中质问陈余，陈余的气势在这番质问下弱了许多，只好派出五千兵马救援巨鹿。五千兵马，对于章邯的四十万大军来说，这数字可怜得令人为其感到难过。不出意料，这五千兵马面对章邯大军，犹如小鸡遇到老鹰，很快便被撕咬得血肉模糊。五千兵马瞬间消逝，这令本就畏惧不前的各地援军更加惊恐不已。

在楚怀王的任命下，宋义为上将军，领着项羽、范增等人踏上了援救赵国反击秦国的道路。可是，当楚国大军来到了安阳（今山东曹阳东南）后，宋义便在这里驻扎，再也不前进了。

可是宋义行事不够果断，在这次停军中，他停了整整四十六天。四十六天对于一个平凡的世界来说或许不算多，但在当时风云变幻的时局里，四十六天可以发生的变故是很多的。

宋义的犹豫不前已经令暴躁的项羽忍无可忍。于是，项羽在早晨升帐时进入宋义帐中，砍下宋义的头。出大帐喊道："宋义与齐谋反楚，楚王令我杀了他。"诸将"皆慑服"，没有人对项羽表示反对。

于是诸将立项羽为假上将军，又派人追杀了宋义的儿子。楚怀王于是任命项羽为上将军，统领楚军攻击章邯。

章邯跳槽

当时，围攻巨鹿的是章邯手下的大将王离。王离是名将王翦的孙子、王贲的儿子，在秦末的镇压起义战争中也是秦国的重要人物。

章邯令王离围攻巨鹿，然后自己驻扎在巨鹿南方，一面令人筑起甬道为前线的王离输送军粮，一面虎视着前线的变动，伺机而出。章邯和王离的军队就这样犹如两只巨钳牢牢地盯住猎物，令巨鹿这座城池如芒刺在背，危在旦夕。

百密总有一疏，章邯和王离的两路大军各在一处，而中间的甬道便是秦军的弱点。项羽看中了这点，因此便将两军之间的甬道作为突破对象，以黑虎掏心的战略切断两军之间的联系，而后一一击破。

为突破秦军的甬道，项羽令大将英布和蒲将军各自带上自己的兵马渡河进攻。两人不负所望，很快便攻破了秦军的一部分甬道。这只是一场小胜利，但它却证实了项羽的想法是正确的——秦军甬道虚弱。为此，项羽决定立即大举进攻，拿下秦军的整个甬道，控制住甬道，从而截断章邯和王离两军之间的联系。这样一来，在前线的王离军一旦缺粮，必然不战自败。

但是，项羽此举是在冒险，因为当他决定将全军带过漳河时，就必须冒着全军溃败的危险。可项羽不愿继续等待，谨慎一直不是他的作风，他更愿雷厉风行。何况此时探知甬道虚弱，如果不趁机进攻，只怕会错过千载难逢的时机。因此，项羽最后决定放手一搏，将整个军队的命运交给了上天，要么大胜，要么大败。

项羽带着所有的楚军渡过了漳河。在全部渡河之后，项羽做出了一个令人惊讶的举动——破釜沉舟。项羽将所有渡河的舟船都凿破了，舟船一架架沉入河里，彻底断了楚军后退的道路。又把行军做饭的釜甑全部砸毁，楚军只带了三天的军粮！

项羽以这种几近疯狂的作战姿态"以示士卒必死，无一还心"，将楚军的整个战斗激情点燃到了最高点。于是楚军奋勇向前，围攻王离，"与秦军遇，九战，绝其甬道，大破之。"杀苏角，俘虏了王离。

在当时，楚军勇冠各路灭秦大军。十余支军队筑起营垒，不敢与秦章邯军交战，只有项羽率领楚军奋力向前，"楚战士无不一以当十。楚兵呼声动天"，十几支大军作壁上观，眼见楚兵声威震天，人人慑恐。当项羽击破秦军，召见各路诸侯将领时，各将领一入辕门，"无不膝行而前，莫敢仰视"。于是项羽成为上将军，各路大军都归他指挥。

王离的死解除了巨鹿之围的警报，但是，战争还没有结束。章邯退据棘原，手中握有二十万大军。士气高涨的项羽驻军漳南，两军相持。希望能一举攻破章邯的军队，章邯的军队若败，秦国的灭亡便指日可待了。

眼看章邯和项羽两军对峙，毫无进展，秦二世有点忍不住了。为此，他屡屡派人前往章邯军营中督促章邯出兵，并斥责章邯不能好好用兵，导致巨鹿大败。章邯被秦二世的持续轰炸惹得心烦意乱，只好派出部将司马欣回咸阳打探消息。哪知司马欣一到咸阳，便被赵高派人捉拿，最后司马欣从小路逃回。逃回后，司马欣便将咸阳所遇告诉了章邯："赵高用事于中，将军有功亦诛，无功亦诛。"章邯叹了口气，秦国有昏君佞臣，自己是否还有为其效命的必要？在无法取得进一步胜利的情况下，章邯有点迷茫了。就在这时候，赵国大将陈余给章邯写来了劝降信，章邯对此没有表态，心却明显地动摇了。

项羽对此一览无遗。于是，项羽命蒲将军迅速到漳南击破章邯军，而后由自己带大军再败章邯。就这样，军心早已动摇的章邯军又连续遭受了几次大败。在这种情况下，章邯已经别无选择。最后，他带领着仅剩的十二万大军投降了项羽。

死是最好的安排

就在巨鹿之战为秦国划下了一道深深的疤痕时，秦国朝堂上却还闹声一片。

至于秦二世，当他得知章邯兵败投降后，确实已经感受到过去自己的安逸生活是多么荒诞，明白了赵高这人是多么阴险，竟然敢一而再再而三地欺骗自己。秦二世只能整日寝食难安、以泪洗面，日日斋戒于望夷宫（今陕西咸阳东北泾河南岸），惶惶不可终日。

秦二世越想越不甘心，最后，他决定派人去质问赵高，质问他为什么总说起义军不成气候，可这时候却反过来欺压到了秦国头上？

赵高早就知道会有这么一天，因此在章邯战败后，为逃避秦二世的责怪，他便整天称病不上朝。这时，赵高果然接到了二世的质问，这令他惊恐不已。因此，赵高决定先下手为强。

赵高找来了自己的女婿阎乐，和他一起商量对策。在计划制订完后，他们便立即付诸实施。首先，在宫内的赵成四处散布谣言，说咸阳城内有盗贼，然后令阎乐急忙领兵出去追击。这时候，阎乐顺利地出了宫，并将宫内的大部分军队带了出去，致使宫内防守空虚。之后，在宫外的阎乐命令他的几千亲兵，装成农民兵后回过头来直逼望夷宫。紧接着，阎乐以追击盗贼为名返回望夷宫，待来到宫门前时，阎乐大声地斥责守门官为何放盗贼进入。守门官还不知道发生了什么事，便被阎乐不由分说地一刀斩杀。守门官一死，阎乐立即领着士兵直入望夷宫，逢人便砍，一时间宫廷里尖叫声迭起，血肉四溅，尸体遍地。

秦二世看到眼前这一幕，吓得双脚都难以站立。全身瘫软的他只能躲在自己的房间里祈祷着，阎乐和赵成就这样领着士兵闯进了秦二世的房间里。

胆小的秦二世说自己不做皇帝了，求阎乐放他一条生路，但阎乐拒绝了。后来，可怜的秦二世将条件降到了当一个普通百姓，阎乐也丝毫不见同情。阎乐对秦二世说："臣受命于丞相，为天下诛足下，足下虽多言，臣不敢报。"秦二世见时势已定，自己再如何求饶都无益于事，只好在阎乐等人的逼视下，自杀而亡。

秦二世的死讯被报告到了赵高那里，赵高欣喜若狂。兴奋的赵高立即赶到了秦二世身旁，连看一眼秦二世的时间都没有，便立即在他身上搜寻起了玉玺。赵高对秦二世的尸体毫不报以悲悯的态度，在拿过玉玺之后，立即走上朝堂，召集大臣，准备向众臣子宣布登基。

所有人无不对赵高怨恨异常，因此，对于赵高的篡位，大家都用无声的回应来抗议。就这样，这一场沉默的反抗打碎了赵高为之苦苦奋斗的皇帝目标。因此，赵高只好临时改变主意，找来了子婴，将玉玺传给了他。

在子婴继位后，因秦国的国力已经大不如前，因此只得自行取消帝号，自称秦王。

子婴早已对赵高有所耳闻，知道此人是个奸诈之辈、权欲之奴。子婴知道自己被赵高所迎立，不过是作为一个傀儡而存在。因此，既然复国已经无望，子婴更愿意先斩杀赵高来一解心头之恨。于是，子婴便与自己的贴身宦官韩谈商定了斩除赵高的计划。

先是，赵高希望子婴在登基前要先斋戒五天。可是五天过了，待赵高派人来请子婴的时候，子婴却称病不前。赵高无奈，只好自己亲自前往。待赵高一到，韩谈便立即亮出兵器，一刀将赵高斩杀了。赵高死了，子婴随即召集群臣进宫，在历数了赵高的罪孽之后，子婴下令夷其三族。

胡亥和赵高都死了，他们两人作为大秦帝国的掘墓人将永远遭受后人的指责。

最后的清场

就在子婴为了秦国的未来而惶惶不可终日的时候，在他东方的起义军仍然声势浩大，激情澎湃。虽然项羽的起义联军终因之前章邯在巨鹿的牵制而导致入咸阳破秦的日程一再拖延，但是，早在项羽忙于应付章邯大军以及楚怀王的时候，一支军队已经绕过了秦军主力直逼咸阳。这支军队便是刘邦所统部队。

刘邦奉了楚怀王的命令，在项羽北上救赵的时候便立即抓紧时机，西进破秦。刘邦在西进的过程中是幸运的，当时秦国的主力已被章邯和王离领到了巨鹿，因此刘邦的西进阻碍不大。更兼刘邦手下贤臣良将众多，有郦食其用计攻克陈留，又有陈恢以攻心策略兵不血刃地拿下宛城，之后更有张良成功抢夺绕关，于蓝田大胜秦军。用人之道始终是刘邦引以为豪的能力，这点让他区别于秦朝的统治者和后来的项羽，是他可以在这场战争中走到最后的原因。

早在刘邦准备进攻武关之前，赵高便派出了一个使者前往刘邦营中，说是愿意和刘邦共分关中之地。要知道，武关之内便是关中，赵高早不给刘邦消息，非得到大难临头了才提出这种请求，对此，刘邦不屑一顾。赵高是阴险小人，别说刘邦怀疑这个约定的真诚性，便是赵高真有这份心意，刘邦也不会答应，毕竟当时起义军势力正大，刘邦不会傻到去勾结赵高而将自己置于两边不讨好的处境。而从赵高此举中也可清楚地看出，秦国在当时对待起义是充满慌乱和无力的。

在蓝田大胜秦军后，秦军基本放弃了抵抗，刘邦便势如破竹地直驰关中地区，很快，他便抵达灞上。灞上正处于秦都咸阳东边不远处，此时，刘邦如同一只老虎一样占据灞上，两眼发射出灼热的光芒，对着咸阳露出了邪笑。

　　咸阳的子婴一听到刘邦进驻灞上，如同一道闪电直击脑袋。终于来了，自己为此担忧了几十天，终于还是到来了。

　　感到痛苦却又释怀的子婴明白，咸阳内已经没有多少兵力可以让他拿来抵挡刘邦的大军了。与其做困兽之斗，倒不如做一个顺应局势的明白人。因此，在刘邦给子婴传来劝降的声音时，子婴选择了不抵抗。他以沉重的心情写下了一封回信，信中满载惆怅和无奈，最后以一声悠长的哀叹而结尾。

　　子婴在当了短短四十六天秦王后，最终不得不面对让渡权力的结局。这天，子婴命人用绳子将自己绑了起来，坐上由白马驾驶的白色马车，一身白色装束，带着皇帝御用的玉玺和兵符，亲自来到刘邦军中，正式向刘邦请降。这次请降作为象征性意义的事件，宣告了十五年的秦朝历史在这一刻正式终结。而刘邦的接手同样预示着，在秦朝结束了它辉煌的历史之后，另一个姓氏正在中国大地上重建起这份辉煌。

　　在刘邦的仁义和政治策略之下，子婴在秦国灭亡之后获得了一条活路，但是，历史对于这位可怜的君王没有任何悲悯。就在不久之后，当项羽的大军直入咸阳的时候，整个咸阳将在项羽的暴虐之下被破坏殆尽，而子婴的生命也将随着那被大火吞噬了的咸阳而消逝在茫茫的火海之中。

图书在版编目（CIP）数据

一读就上瘾的秦史 / 苏玲著. -- 北京：中国华侨

出版社，2025. 6. -- ISBN 978-7-5113-9524-5

Ⅰ . K233.09

中国国家版本馆 CIP 数据核字第 2025A2E092 号

一读就上瘾的秦史

YIDU JIU SHANGYIN DE QINSHI

著　者：	苏　玲
责任编辑：	王慧玲
封面设计：	冬　凡
美术编辑：	张　娟
经　销：	新华书店
开　本：	720mm×1020mm　1/16 开　印张：14　字数：186 千字
印　刷：	三河市兴博印务有限公司
版　次：	2025 年 6 月第 1 版
印　次：	2025 年 6 月第 1 次印刷
书　号：	ISBN 978-7-5113-9524-5
定　价：	42.00 元

中国华侨出版社　北京市朝阳区西坝河东里 77 号楼底商 5 号　邮编：100028

发 行 部：（010）88893001　　传　真：（010）62707370

如果发现印装质量问题，影响阅读，请与印刷厂联系调换。